孟子荀卿列傳第十四　史記七十四

索隱曰按序傳孟嘗君第十四而此傳爲第十五蓋後人差降之矣

太史公曰余讀孟子書至梁惠王問何以利吾國未嘗不廢書而歎也曰嗟乎利誠亂之始也夫子罕言利者常防其原也故曰放於利而行多怨自天子至於庶人好利之獘何以異哉

孟軻鄒人也索隱曰軻音苦何反又苦賀反鄒魯地名又云邾邾人徙鄒故也〇正義曰軻字子輿爲齊卿鄒兗州縣受業子思之門人索隱曰王劭以人爲衍字則以軻親受業孔伋之門也今言門人者乃受業於子思之弟子也道既通游事齊宣王宣王不能用適梁梁惠王不果所言則見以爲迂遠而

闊於事情當是之時秦用商君富國彊兵楚魏用吳起戰勝弱敵齊威王宣王用孫子田忌之徒而諸侯東面朝齊天下方務於合從連衡以攻伐爲賢而孟軻乃述唐虞三代之德是以所如者不合退而與萬章之徒索隱曰孟子有萬章公明高等並軻之門人也萬姓章名序詩書述仲尼之意作孟子七篇其後有騶子之屬齊有三騶子其前鄒忌以鼓琴干威王因及國政封爲成侯而受相印先孟子其次騶衍後孟子騶衍睹有國者益淫侈不能尚德若大雅整之於身施及黎庶矣乃深觀陰陽

消息而作怪迂之變終始大聖之篇十餘萬言其語閎大不經必先驗小物推而大之至於無垠先序今以上至黃帝學者所共術大並世盛衰（並音蒲浪反○索隱曰言其大體隨代盛衰觀時而說事）因載其機祥度制推而遠之至天地未生窈冥不可考而原也先列中國名山大川通谷禽獸水土所殖物類所珍因而推之及海外人之所不能睹稱引天地剖判以來五德轉移治各有宜而符應若茲以為儒者所謂中國者於天下乃八十一分居其一分耳（索隱曰桓寬王充並以衍之所言迂怪虛妄熒惑六國之君因納其異說所謂匹夫而熒惑諸侯者也）

中國名曰赤縣神州赤縣神州內自有九州禹之序九州是也不得為州數中國外如赤縣神州者九乃所謂九州也於是有裨海環之（索隱曰裨音脾裨海小海也九州之外更有大瀛海故知此裨是小海也且將有裨將裨是小義也）人民禽獸莫能相通者如一區中者乃為一州如此者九乃有大瀛海環其外天地之際焉其術皆此類也然要其歸必止乎仁義節儉君臣上下六親之施始也濫耳（索隱曰濫即濫觴是江原之初始故此文意以濫為初也謂衍之術言君臣上下六親之際行事之所施所治皆可以為後代之宗本故云濫耳）王公大人初見其術懼然顧化（索隱曰懼音劬謂衍之術皆動人心見者莫不懼然駐想又內心留顧而已化之欲從其術也）

化者是易常聞而貴異術也其後不能行之是以騶子重於齊適梁惠王郊迎執賓主之禮適趙平原君側行襒席索隱曰按字林云襒音疋結反韋昭音敷蔑反張揖三蒼訓詁云襒拂也謂側行而衣襒席爲敬不敢正坐當賓主之礼也如燕昭王擁彗先驅索隱曰彗帚也謂爲之埽地以衣袂擁帚而却行恐塵埃之及長者所以爲敬也請列弟子之座而受業築碣石宮正義曰碣石宮在幽州薊縣西三十里寧臺之東身親往師之作主運索隱曰劉向別録云鄒子書有主運篇其游諸侯見尊禮如此豈與仲尼菜色陳蔡孟軻困於齊梁同乎哉索隱曰仲尼孟子法先王之道行仁義之化且菜色困窮而鄒衍執詭怪熒惑諸侯其見禮重如此可爲長太息哉故武王以仁義伐紂而王伯夷餓不食周粟衛靈公問陳而

孔子不荅梁惠王謀欲攻趙孟軻稱太王去邠索隱曰孟子太王去邠是軻對滕文公語今云梁惠王謀攻趙與孟子不同此豈有意阿世索隱俗苟合而已哉持方枘欲內圜鑿其能入乎索隱曰方枘是筍也圜鑿是孔也謂工人斲木以方筍而內之圓孔不可入也故楚詞云以方枘而納圓鑿者吾知其齟齬而不入也謂戰國時仲尼孟軻以仁義干丗主循方枘圓鑿然也或曰伊尹負鼎而勉湯以王百里奚飰牛車下而繆公用霸作先合然後引之大道騶衍其言雖不軌儻亦有牛鼎之意乎索隱曰呂氏春秋云函牛之鼎不可以亨雞是其有牛鼎也言衍之術迂大儻若大用之是有牛鼎之意而譙周亦云觀太史公此論是愛奇之甚矣自騶衍與齊之稷下先生如淳于髡慎到環淵接子田駢騶奭之徒索隱曰按

稷齊之城門也或云稷山名謂齊之學士集於稷門之下也環淵接子古著書人之稱號也騈音步堅反又步經反〇正義曰慎子十卷在法家則戰國時處士接子二篇田子二十五篇齊人游稷下號天口接田二人道家騶奭十二篇陰陽家
各著書言治亂之事以干世主豈可勝道哉
淳于髡齊人也博聞彊記學無所主其諫說慕
晏嬰之為人也然而承意觀色為務客有見髡
於梁惠王惠王屏左右獨坐而再見之終無言
也惠王怪之以讓客曰子之稱淳于先生管晏
不及及見寡人寡人未有得也豈寡人不足為
言邪何故哉客以謂髡髡曰固也吾前見王王
志在驅逐後復見王王志在音聲吾是以默然

客具以報王王大駭曰嗟乎淳于先生誠聖人
也前淳于先生之來人有獻善馬者寡人未及
視會先生至後先生之來人有獻謳者未及試
亦會先生來寡人雖屏人然私心在彼有之索隱曰謂私心實在彼馬與謳也有之謂我實有此二事也
後淳于髡見壹語連三
日三夜無倦惠王欲以卿相位待之髡因謝去
於是送以安車駕駟束帛加璧黃金百鎰終身
不仕
慎到趙人田駢接子齊人環淵楚人皆學黃老
道德之術因發明序其指意故慎到著十二論

環淵著上下篇而田駢接子皆徐廣曰今慎子劉向所定有四十一篇有所論焉騶奭者齊諸騶子亦頗采騶衍之術以紀文於是齊王嘉之自如淳于髡以下皆命曰列大夫爲開第康莊之衢爾雅曰四達謂之衢五達謂之康六達謂之莊高門大屋尊寵之覽天下諸侯賓客言齊能致天下賢士也

荀卿趙人索隱曰名况卿者時人相尊而號爲卿也仕齊爲祭酒仕楚爲蘭陵令後亦謂之孫卿子者避漢宣帝之諱也年五十始來遊學於齊騶衍之術迂大而閎辯奭也文具難施淳于髡久與處時有得善言故齊人頌曰談天衍雕龍奭炙轂徐廣曰一作亂過髡劉向別録曰騶衍之所言五德終始天地廣大書言天事故曰談天騶奭脩衍之文飾若雕鏤龍文故曰雕龍別録曰過字作輠輠者車之盛膏器也炙之雖盡猶有餘流者言淳于髡智不盡如炙輠也左思齊都賦注曰言其多智難盡如炙膏過之有潤澤也○索隱曰劉氏云轂衍字也今按文稱炙轂過過則是器名音如字謂盛脂之器名過與鍋字相近蓋即脂器也轂即車轂過爲潤轂之物則轂非衍字明矣田駢之屬皆已死齊襄王時索隱曰襄王名法章湣王子莒人所立者而荀卿最爲老師齊尚脩列大夫之缺而荀卿三爲祭酒焉索隱曰禮食必祭先飲酒亦然必以席中之尊者一人當祭耳後因以爲官名故吳王濞爲劉氏祭酒是也而卿三爲祭酒者謂荀卿出入前後三度處列大夫康莊之位而皆爲其所尊故云三爲祭酒齊人或讒荀卿荀卿乃適楚而春申君以爲蘭陵令正義曰蘭陵縣屬東海郡

有蘭陵山今沂州承縣春申君死而荀卿廢因家蘭陵李斯
嘗爲弟子已而相秦荀卿嫉濁世之政亡國亂
君相屬不遂大道而營於巫祝信機祥鄙儒小
拘如莊周等又猾稽亂俗於是推儒墨道德之
行事興壞序列著數萬言而卒因葬蘭陵而趙
亦有公孫龍爲堅白同異之辯晉太康地記云汝南西平縣有龍淵水可用淬刀劒特堅利故有堅白之論云黃所以爲堅也白所以爲利也或辯之曰白所以爲不堅黃所以爲不利○索隱曰龍即仲尼弟子也此云趙人弟子傳作衛人鄭玄云楚人各不能知其眞又下文云並孔子同時或云在其後所以知非別人也○正義曰藝文志公孫龍子十四篇顏師古云即爲堅白之辯按平原君傳鄒衍同時括地志云西平縣豫州西北百四十里有龍淵水也
劇子之言徐廣曰按應劭氏姓注直云處子也○索隱曰著書之人姓劇氏而稱子也前史不記其名故趙有劇孟及劇辛也
魏有李悝盡地力之教正義曰藝文志李子三十二篇李悝相魏文侯富國強兵
楚有尸子長盧劉向別錄曰楚有尸子疑謂其在蜀今案尸子書晉人也名佼秦相衛鞅客也衛鞅商君謀事畫計立法理民未嘗不與佼規也商君被刑佼恐幷誅乃亡逃入蜀自爲造此二十篇書凡六万餘言卒因葬蜀○索隱曰尸子名佼音絞長盧未詳○正義曰長盧九篇楚人
阿之吁子焉徐廣曰阿者今之東阿○索隱曰吁音芋別錄作芋子今吁亦如字○正義曰按東齊州也藝文志云吁子十八篇名嬰齊人七十子之後顏師古云音弭按是齊人阿又屬齊恐顏公誤也自如孟
子至于吁子世多有其書故不論其傳云蓋墨
翟宋之大夫善守禦爲節用墨子曰公輸般爲雲梯之械成將以攻宋墨子聞之至于郢見公輸般墨子解帶爲城以牒爲械公輸般九設攻城之機變墨子九距之公輸般之攻械盡墨子之守固有餘公輸般詘而言曰吾知所以距子矣吾不言墨子亦曰吾知子之所以距我者吾不言楚王問其故墨子曰公輸子

之意不過欲殺臣殺臣宋莫能守可攻也然臣之弟子禽滑釐等三百人已持臣守國之器在宋城上而待楚寇矣雖殺臣不能絶也楚王曰善哉吾請無攻宋城矣○索隱曰公輸爲雲梯之械者按梯構木瞰高也雲者言其昇高入雲故曰雲梯械者器也謂攻城之樓櫓也與器械同墨子解帶爲城者謂墨子所術解身上革帶以爲城也以牒爲械者牒小木札也械者樓櫓等公輸般之攻械盡者劉氏云械謂飛梯撞車飛石車弩之具也詘音屈謂般技已盡墨守有餘滑釐者墨子弟子之字也釐音狸

或曰並孔子時或曰在其後

索隱曰按別録云墨子書有文子文子子夏之弟子問於墨子如此則墨子者在七十子之後也

索隱述贊曰

六國之末　戰勝相雄　軻遊齊魏

其說不通　退而著述　稱吾道窮

蘭陵事楚　騶衍談空　康莊雖列

莫見收功

孟子荀卿列傳第十四　史記七十四

孟嘗君列傳第十五　史記七十五

孟嘗君名文姓田氏文之父曰靖郭君田嬰田嬰者齊威王少子而齊宣王庶弟也索隱曰戰國策及諸書並無此言蓋諸田之別子也故戰國策每稱嬰子盼子高誘注云田盼田嬰也王劭又按戰國策云齊貌辨謂宣王曰王方為太子時辨謂靖郭君不若發太子更立郊師靖郭君不忍宣王太息曰寡人少殊不知以此言之嬰非宣王弟明也

田嬰自威王時任職用事與成侯鄒忌及田忌將而救韓伐魏成侯與田忌爭寵成侯賣田忌田忌懼襲齊之邊邑不勝亡走會威王卒宣王立知成侯賣田忌乃復召田忌以為將宣王二年田忌與孫臏田嬰俱伐魏敗之馬陵虜魏太子申而殺魏將龐涓索隱曰紀年當梁惠王二十八年至三十一年改為後元也宣王七年田嬰使於韓魏韓魏服於齊嬰與韓昭侯魏惠王會齊宣王東阿南正義曰東阿齊州縣也盟而去索隱曰紀年當惠王之後元十一年作平阿又云十三年會齊威王于甄與此明年齊宣王與梁惠王會甄文同但齊之威宣二王文舛互不同也明年復與梁惠王會甄音絹是歲梁惠王卒宣王九年田嬰相齊齊宣王與魏襄王會徐州而相王也正義曰紀年云梁惠王三十年下邳遷于薛改名徐州楚威王聞之怒田嬰明年楚伐敗齊師於徐州而使人逐田嬰田嬰使張丑說楚威王威王乃止田嬰相齊十一年宣王卒湣王即位即位三年而封

田嬰於薛 索隱曰紀年以爲梁惠王後元十三年四月齊威王封田嬰于薛十月齊城薛十四年薛子嬰來朝十五年齊威王薨嬰初封彭城皆與此文異○正義曰薛故城在今徐州滕縣南四十四里也 初田嬰有子四十餘人其賤妾有子名文文以五月五日生嬰告其母曰勿舉也其母竊舉生之 索隱曰上舉謂初誕而舉之下舉謂浴而乳之生謂長養之也 及長其母因兄弟而見其子文於田嬰田嬰怒其母曰吾令若去此子而敢生之何也文頓首因曰君所以不舉五月子者何故嬰曰五月子者長與戶齊將不利其父母 索隱曰風俗通云俗說五月五日生子男害父女害母也 文曰人生受命於天乎將受命於戶邪嬰默然文曰必受命於天

君何憂焉必受命於戶則高其戶耳誰能至者嬰曰子休矣久之文承間問其父嬰曰子之子爲何曰爲孫孫之孫爲何曰爲玄孫玄孫之孫爲何曰不能知也 索隱曰爾雅云玄孫之子爲來來孫之子爲昆昆孫之子爲仍仍孫之子爲雲又有耳孫亦是玄孫之子不同也 文曰君用事相齊至今三王矣齊不加廣而君私家富累萬金門下不見一賢者文聞將門必有將相門必有相今君後宮蹈綺縠而士不得短褐 索隱曰短亦音豎豎褐謂褐衣而豎裁之以其省而便事也 僕妾餘粱肉而士不厭糟糠今君又尚厚積餘藏欲以遺所不知何人 索隱曰遺音惟季反猶言不知欲遺與何人也 而忘公

家之事日損文竊怪之於是嬰乃禮文使主家待賓客賓客日進名聲聞於諸侯諸侯皆使人請薛公田嬰以文爲太子嬰許之嬰卒謚爲靖郭君皇覽曰靖郭君冢在魯國薛城中東南陬○索隱曰謚爲靖郭君者謂死後別號之曰靖郭耳則靖郭或封邑號故漢齊王舅父駟鈞封靖郭侯是也陬音鄒亦音緅陬者城隅也而文果代立於薛是爲孟嘗君孟嘗君在薛招致諸侯賓客及亡人有罪者皆歸孟嘗君孟嘗君舍業厚遇之索隱曰舍業者捨弃其家産業而厚事賓客也劉氏云舍音赦謂爲之築舍立居業也以故傾天下之士食客數千人無貴賤一與文等孟嘗君待客坐語而屏風後常有侍史主記君所與客語問親戚居處客去孟嘗君已使使存問獻遺其親戚孟嘗君曾待客夜食有一人蔽火光客怒以飯不等輟食辭去孟嘗君起自持其飯比之客慙自剄士以此多歸孟嘗君孟嘗君客無所擇皆善遇之人人各自以爲孟嘗君親己秦昭王聞其賢乃先使涇陽君爲質於齊以求見孟嘗君孟嘗君將入秦賓客莫欲其行諫不聽蘇代謂曰今旦代從外來見木偶人與土偶人相與語索隱曰偶音遇謂以土木爲之偶類於人也蘇代以土偶比涇陽君木偶比孟嘗君木偶人曰天雨子將敗矣土偶人曰我生於土敗則歸土今

天雨流子而行未知所止息也今秦虎狼之國也而君欲往如有不得還君得無為土偶人所笑乎孟嘗君乃止齊湣王二十五年復卒使孟嘗君入秦昭王即以孟嘗君為秦相人或說秦昭王曰孟嘗君賢而又齊族也今相秦必先齊而後秦秦其危矣於是秦昭王乃止囚孟嘗君謀欲殺之孟嘗君使人抵昭王幸姬求解索隱曰抵音丁禮反按抵謂觸冒而求之也幸姬曰妾願得君狐白裘韋昭曰以狐之白毛為裘謂集狐腋之毛言美而難得者此時孟嘗君有一狐白裘直千金天下無雙入秦獻之昭王更無他裘孟嘗

君患之徧問客莫能對最下坐有能為狗盜者曰臣能得狐白裘乃夜為狗以入秦宮藏中正義藏在浪反取所獻狐白裘至以獻秦王幸姬幸姬為言昭王昭王釋孟嘗君孟嘗君得出即馳去更封傳變名姓以出關索隱曰更改也改前封傳而易姓名不言是孟嘗君封傳今之驛券也夜半至函谷關正義曰關在陝州桃林縣西南十三里秦昭王後悔出孟嘗君求之已去即使人馳傳逐之孟嘗君至關關法雞鳴而出客孟嘗君恐追至客之居下坐者有能為雞鳴而雞盡鳴遂發傳出出如食頃秦追果至關已後孟嘗君出乃還始

孟嘗君列此二人於賓客賓客盡羞之及孟嘗君有秦難卒此二人拔之自是之後客皆服孟嘗君過趙趙平原君客之趙人聞孟嘗君賢出觀之皆笑曰始以薛公爲魁然也今視之乃眇小丈夫耳孟嘗君聞之怒客與俱者下斫擊殺數百人遂滅一縣以去齊湣王不自得以其遣孟嘗君（索隱曰得一作德是湣王遣孟嘗君自言已無德故也）孟嘗君至則以爲齊相任政孟嘗君怨秦將以齊爲韓魏攻楚因與韓魏攻秦（徐廣曰年表曰韓魏齊共擊秦軍於函谷）而借兵食於西周蘇代爲西周謂曰（索隱曰戰國策作韓慶爲西周謂薛公也）君以

齊爲韓魏攻楚九年取宛葉以北以彊韓魏（正義曰宛在鄧州葉在許州二縣以北舊屬楚二國共沒以入韓魏）今復攻秦以益之韓魏南無楚憂西無秦患則齊危矣韓魏必輕齊畏秦臣爲君危之君不如令敝邑深合於秦而君無攻又無借兵食君臨函谷而無攻令敝邑以君之情謂秦昭王曰薛公必不破秦以彊韓魏其攻秦也欲王之令楚王割東國以與齊（正義曰東國齊徐夷）而秦出楚懷王以爲和君令敝邑以此惠秦秦得無破而以東國自免也秦必欲之楚王得出必德齊齊得東國益彊而薛世世無患

矣秦不大弱而處三晉之西三晉必重齊薛公曰善因令韓魏賀秦使三國無攻而不借兵食於西周矣是時楚懷王入秦秦留之故欲必出之秦不果出楚懷王孟嘗君相齊其舍人魏子爲孟嘗君收邑入（索隱曰舍人官號記姓而略其名故云魏子收謂收其國之租稅）三反而不致一入孟嘗君問之對曰有賢者竊假與之以故不致入孟嘗君怒而退魏子居數年人或毀孟嘗君於齊湣王曰孟嘗君將爲亂及田甲劫湣王湣王意疑孟嘗君孟嘗君乃奔（索隱曰湣王三十四年田甲劫王薛文走）魏子所與粟賢者聞之乃上書

言孟嘗君不作亂請以身爲盟遂自剄宮門以明孟嘗君湣王乃驚而蹤跡驗問孟嘗君果無反謀乃復召孟嘗君孟嘗君因謝病歸老於薛湣王許之其後秦亡將呂禮相齊欲困蘇代代乃謂孟嘗君曰周最於齊至厚也（正義曰周最周之公子）而齊王逐之而聽親弗（親弗人姓名○索隱曰戰國策作祝弗蓋祝爲得之）相呂禮者欲取秦也齊秦合則親弗與呂禮重矣有用齊秦必輕君君不如急北兵趨趙以和秦魏收周最以厚行且反齊王之信（索隱曰周最本厚於齊齊今欲逐之而相秦之亡將蘇代謂孟嘗令齊收周最以自厚其行又且得反齊王之有信以不逐周最也）又禁天下

之變索隱曰變謂齊秦合則親弗呂禮用用則秦齊輕孟嘗也齊無秦則天下集齊親弗必走則齊王孰與爲其國也於是孟嘗君從其計而呂禮嫉害於孟嘗君孟嘗君懼乃遺秦相穰侯魏冉書曰吾聞秦欲以呂禮收齊齊天下之彊國也子必輕矣齊秦相取以臨三晉呂禮必并相矣是子通齊以重呂禮也若齊免於天下之兵其讎子必深矣子不如勸秦王伐齊齊破吾請以所得封子齊破秦畏晉之彊秦必重子以取晉晉國獘於齊而畏秦晉必重子以取秦是子破齊以爲功挾晉以爲重是子

破齊定封秦晉交重子若齊不破呂禮復用子必大窮於是穰侯言於秦昭王伐齊而呂禮亡後齊湣王滅宋益驕欲去孟嘗君孟嘗君恐乃如魏魏昭王以爲相西合於秦趙與燕共伐破齊齊湣王亡在莒遂死焉齊襄王立而孟嘗君中立爲諸侯無所屬齊襄王新立畏孟嘗君與連和復親薛公文卒謚爲孟嘗君皇覽曰孟嘗君冢在魯國薛城中向門東向門出北邊門也詩云居常與許鄭玄曰常或作嘗在薛之南孟嘗邑于薛城○索隱曰孟嘗襲父封薛而號曰孟嘗君此云謚非也孟字嘗邑名嘗邑在薛之旁○正義曰括地志云孟嘗君墓在徐州滕縣五十二里卒在齊襄王之時也諸子爭立而齊魏共滅薛孟嘗絕嗣無後

也初馮驩音歡復作煖音許表反聞孟嘗君好客躡蹻而見
之索隱曰屩音脚字亦作蹻又作屩孟嘗君曰先生遠辱何以教
文也馮驩曰聞君好士以貧身歸於君孟嘗君
置傳舍十日索隱曰傳音逐緣反按傳舍幸舍及代舍並當上中下三等之客所舍之名耳孟
嘗君問傳舍長曰客何所為荅曰馮先生甚貧
猶有一劒耳又蒯緱蒯音苦恠反茅之類可為繩言其劒把無物可裝以小繩纏之也緱
音侯亦作候謂把劒之處○索隱曰蒯草名音蒯聵之蒯緱謂把劒之物言其劒無物可裝但以蒯繩纏之故云蒯緱也
彈其劒而謌曰長鋏歸來乎食無魚孟嘗君遷
之幸舍食有魚矣五日又問傳舍長荅曰客復
彈劒而歌曰長鋏歸來乎出無輿孟嘗君遷之
代舍出入乘輿車矣五日孟嘗君復問傳舍長
舍長荅曰先生又嘗彈劒而歌曰長鋏歸來乎
無以為家孟嘗君不悅居朞年馮驩無所言孟
嘗君時相齊封萬戶於薛其食客三千人邑入
不足以奉客正義曰奉符用反使人出錢於薛歲餘不入
貸錢者多不能與其息索隱曰與猶還也息猶利也客奉將不
給孟嘗君憂之問左右何人可使收債於薛者
傳舍長曰代舍客馮公形容狀貌甚辯長者無
他伎亦作技能宜可令收債孟嘗君乃進馮驩而
請之曰賓客不知文不肖幸臨文者三千餘人

邑入不足以奉賔客故出息錢於薛薛歲不入民頗不與其息今客食恐不給願先生責之馮諼曰諾辭行至薛召取孟嘗君錢者皆會得息錢十萬乃多釀酒買肥牛召諸取錢者能與息者皆來不能與息者亦來皆持取錢之券書合之齊爲會日殺牛置酒酒酣乃持券如前合之能與息者與爲期貧不能與息者取其券而燒之曰孟嘗君所以貸錢者爲民之無者以爲本業也所以求息者爲無以奉客也今富給者以要期貧窮者燔券書以捐之諸君彊飲食有君

如此豈可負哉坐者皆起再拜孟嘗君聞馮驩燒券書怒而使使召驩驩至孟嘗君曰文食客三千人故貸錢於薛文奉邑少（索隱曰言文之奉邑少故令出息於薛也）而民尚多不以時與其息客食恐不足故請先生收責之聞先生得錢即以多具牛酒而燒券書何馮驩曰然不多具牛酒即不能畢會無以知其有餘不足有餘者爲要期不足者雖守而責之十年息愈多急即以逃亡自捐之若急終無以償上則爲君好利不愛士民下則有離上抵負之名非所以厲士民彰君聲也焚無用虛

債之券捐不可得之虛計令薛民親君而彰君之善聲也君有何疑焉孟嘗君乃拊手而謝之齊王惑於秦楚之毁以爲孟嘗君名高其主而擅齊國之權遂廢孟嘗君諸客見孟嘗君廢皆去馮驩曰借臣車一乘可以入秦者必令君重於國而奉邑益廣可乎孟嘗君乃約車幣而遣之馮驩乃西說秦王曰天下之游士馮軾結靷西入秦者無不欲彊秦而弱齊馮軾結靷東入齊者無不欲彊齊而弱秦此雄雌之國也勢不兩立爲雄雄者得天下矣秦王跽而問之曰何

以使秦無爲雌而可馮驩曰王亦知齊之廢孟嘗君乎秦王曰聞之馮驩曰使齊重於天下者孟嘗君也今齊王以毁廢之其心怨必背齊背齊入秦則齊國之情人事之誠盡委之秦齊地可得也豈直爲雄也君急使使載幣陰迎孟嘗君不可失時也如有齊覺悟復用孟嘗君則雌雄之所在未可知也秦王大悅乃遣車十乘黃金百鎰以迎孟嘗君馮驩辭以先行至齊說齊王曰天下之游士馮軾結靷東入齊者無不欲彊齊而弱秦者馮軾結靷西入秦者無不欲彊

賤寡交事之固然也君獨不見夫朝趨市者乎索隱曰趨音娶趣向也又音趍明旦側肩爭門而入日暮之後過市朝者掉臂而不顧索隱曰過光卧反朝音潮市之行列有如朝位因言市朝云耳非好朝而惡暮所期物忘其中索隱曰期物謂入市心中所期之物利人平明側肩爭門而入至日暮所期忘其中忘者無也其中市朝之中言日暮物盡故掉臂不顧也今君失位賓客皆去不足以怨士而徒絕賓客之路願君遇客如故孟嘗君再拜曰敬從命矣聞先生之言敢不奉教焉

太史公曰吾嘗過薛其俗閭里率多暴桀子弟與鄒魯殊問其故曰孟嘗君招致天下任俠姦人入薛中蓋六萬餘家矣世之傳孟嘗君好客自喜名不虛矣

索隱述贊曰

靖郭之子　威王之孫　既彊其國
實高其門　好客喜士　見重平原
雞鳴狗盜　魏子馮煖　如何承睫
薛縣徒存

孟嘗君列傳第十五　史記七十五

平原君虞卿列傳第十六　史記七十六

平原君趙勝者〔正義勝式證反〕趙之諸公子也〔徐廣曰魏公子傳曰趙惠文王弟〕諸子中勝最賢喜賓客賓客蓋至者數千人平原君相趙惠文王及孝成王三去相三復位封於東武城〔徐廣曰屬清河○正義曰今貝州武城縣也〕平原君家樓臨民家民家有躄者槃散行汲〔散亦作跚○索隱曰上躄音辟散音先寒反亦作跚音同○正義躄跛也〕平原君美人居樓上臨見大笑之明日躄者至平原君門請曰臣聞君之喜士士不遠千里而至者以君能貴士而賤妾也臣不幸有罷癃之病〔徐廣曰癃音隆癃病也○索隱曰罷音皮癃音呂宮反罷癃背疾言腰曲而背癃高也〕而君之後宮臨而笑臣臣願得笑臣者頭平原君笑應曰諾躄者去平原君笑曰觀此豎子乃欲以一笑之故殺吾美人不亦甚乎終不殺居歲餘賓客門下舍人稍稍引去者過半平原君怪之曰勝所以待諸君者未嘗敢失禮而去者何多也門下一人前對曰以君之不殺笑躄者以君爲愛色而賤士士即去耳於是平原君乃斬笑躄者美人頭自造門進躄者因謝焉其後門下乃復稍稍來是時齊有孟嘗魏有信陵楚有春申故爭相傾以待士〔徐廣曰待一作得〕秦之圍

邯鄲正義曰趙惠文王九年秦昭王十五年趙使平原君求救合從於楚約與食客門下有勇力文武備具者二十人偕平原君曰使文能取勝則善矣文不能取勝則歃血於華屋之下必得定從而還士不外索取於食客門下足矣得十九人餘無可取者無以滿二十人門下有毛遂者前自贊於平原君曰遂聞君將合從於楚約與食客門下二十人偕不外索今少一人願君即以遂備員而行矣平原君曰先生處勝之門下幾年於此矣毛遂曰三年於此矣平原君曰夫賢士之處世也

譬若錐之處囊中其末立見今先生處勝之門下三年於此矣左右未有所稱誦勝未有所聞是先生無所有也先生不能先生留毛遂曰臣乃今日請處囊中耳使遂蚤得處囊中乃穎脫而出索隱曰鄭玄曰穎環也脫音吐活反非特其末見而已平原君竟與毛遂偕十九人相與目笑之而未發也索隱曰發一作廢鄭玄云皆目視而輕笑之未能即廢弃之也毛遂比至楚與十九人論議十九人皆服平原君與楚合從言其利害日出而言之日中不決十九人謂毛遂曰先生上毛遂按劍歷階而上謂平原君曰從之利害兩言

而決耳今日出而言從日中不決何也楚王謂平原君曰客何爲者也平原君曰是勝之舍人也楚王叱曰胡不下吾乃與而君言汝何爲者也毛遂按劍而前曰王之所以叱遂者以楚國之衆也今十步之內王不得恃楚國之衆也王之命懸於遂手吾君在前叱者何也且遂聞湯以七十里之地王天下文王以百里之壤而臣諸侯豈其士卒衆多哉誠能據其勢而奮其威今楚地方五千里持戟百萬此霸王之資也以楚之彊天下弗能當白起小豎子耳率數萬之

衆興師以與楚戰一戰而舉鄢郢再戰而燒夷陵三戰而辱王之先人此百世之怨而趙之所羞而王弗知惡焉正義曰惡烏故反合從者爲楚非爲趙也吾君在前叱者何也楚王曰唯唯誠若先生之言謹奉社稷而以從毛遂曰從定乎楚王曰定矣毛遂謂楚王之左右曰取雞狗馬之血來索隱曰盟之所用牲貴賤不同天子用牛及馬諸侯以犬及豭大夫已下用雞今此揔言盟之用血故云取雞狗馬之血來耳毛遂奉銅盤索隱曰奉音捧若周禮則用珠盤也而跪進之楚王曰王當歃血而定從次者吾君次者遂遂定從於殿上毛遂左手持盤血而右手招十九人曰

公相與歃此血於堂下索隱曰歃音所甲反公等錄錄錄音祿
〇索隱曰音六王劭云錄借字耳又說文云錄錄隨從之貌也所謂因人成事者也
平原君已定從而歸歸至於趙曰勝不敢復相
士勝相士多者千人寡者百數自以為不失天
下之士今乃於毛先生而失之也毛先生一至
楚而使趙重於九鼎大呂索隱曰九鼎大呂國之寶器言毛遂至楚使趙重於
九鼎大呂謂為天子所重也〇正義曰大呂周廟大鍾毛先生以三寸之舌彊
於百萬之師勝不敢復相士遂以為上客平原
君既返趙楚使春申君將兵赴救趙魏信陵君
亦矯奪晉鄙軍往救趙皆未至秦急圍邯鄲邯

鄲急且降平原君甚患之邯鄲傳舍吏子李同
正義曰名談太史公諱改也說平原君曰君不憂趙亡邪平原
君曰趙亡則勝為虜何為不憂乎李同曰邯鄲
之民炊骨易子而食可謂急矣而君之後宮以
百數婢妾被綺縠餘粱肉而民褐衣不完糟糠
不厭民困兵盡或剡木為矛矢而君器物鍾磬
自若使秦破趙君安得有此使趙得全君何患
無有今君誠能令夫人以下編於士卒之間分
功而作家之所有盡散以饗士士方其危苦之
時易德耳正義曰言士方危苦之時易有恩德於是平原君從之得

敢死之士三千人李同遂與三千人赴秦軍秦
軍爲之却三十里亦會楚魏救至秦兵遂罷邯
鄲復存李同戰死封其父爲李侯 徐廣曰河內城皐有李城○正
義曰懷州温縣本李城也李同父所封隋煬帝從故温城移縣於此 虞卿欲以信陵君之
存邯鄲爲平原君請封公孫龍聞之夜駕見平
原君曰龍聞虞卿欲以信陵君之存邯鄲爲君
請封有之乎平原君曰然龍曰此甚不可且王
舉君而相趙者非以君之智能爲趙國無有也
割東武城而封君者非以君爲有功也而以國
人無勳乃以君爲親戚故也君受相印不辭無

能割地不言無功者亦自以爲親戚故也今信
陵君存邯鄲而請封是親戚受城而國人計功
也 徐廣曰一本是親戚受城而以國許人 此甚不可且虞卿操其兩權
事成操右券以責 索隱曰言虞卿論平原君取封事成則操其右券以責其報德也 事
不成以虚名德君君必勿聽也平原君遂不聽
虞卿平原君以趙孝成王十五年卒 索隱曰六國年表及世家
並云十四年卒與此不同 子孫代後竟與趙俱亡平原君厚待
公孫龍公孫龍善爲堅白之辯及鄒衍過趙 索隱
曰過音戈 言至道乃絀公孫龍 劉向別錄曰齊使鄒衍過趙平原君見公孫龍及其
徒綦毋子之屬論白馬非馬之辯以問鄒子鄒子曰不可彼天下之辯有五勝三至而辭正爲下辯者別殊類使不相害

序異端使不相亂杼意通指明其所謂使人與知焉不務相迷也故勝者不失其所守不勝者得其所求若是故辯可為也及至煩文以相假飾辭以相惇巧譬以相移引人聲使不得及其意如此害大道夫繳紛爭言而競後息不能無害君子坐皆稱善○索隱曰杼音墅杼者舒也繳音糾謂繳繞紛亂爭言而竟後息不能無害也

虞卿者游說之士也躡蹻檐簦徐廣曰蹻草履也簦長柄笠音登笠有柄者謂之登索隱曰蹻音腳說趙孝成王一見賜黃金百鎰白璧一雙再見為趙上卿故號為虞卿譙周曰食邑於虞○索隱曰趙之虞在河東太陽縣今之虞鄉縣是也秦趙戰於長平趙不勝亡一都尉趙王召樓昌與虞卿曰軍戰不勝尉復死徐廣曰復一作係寡人使束甲而趨之何如樓昌曰無益也不如發重使為媾古后反求和曰媾○索隱曰按媾亦講講亦和也虞

卿曰昌言媾者以為不媾軍必破也而制媾者在秦且王之論秦也欲破趙之軍乎不邪王曰秦不遺餘力矣必且欲破趙軍虞卿曰王聽臣發使出重寶以附楚魏楚魏欲得王之重寶必內吾使趙使入楚魏秦必疑天下之合從且必恐如此則媾乃可為也趙王不聽與平陽君為媾發鄭朱入秦秦內之趙王召虞卿曰寡人使平陽君為媾於秦秦已內鄭朱矣卿以為奚如虞卿對曰王不得媾軍必破矣天下賀戰勝者皆在秦矣鄭朱貴人也入秦秦王與應侯必顯

重以示天下楚魏以趙爲媾必不救王秦知天下不救王則媾不可得成也應侯果顯鄭朱以示天下賀戰勝者終不肯媾長平大敗遂圍邯鄲爲天下笑秦既解邯鄲圍而趙王入朝使趙郝（音釋徐廣曰一作赦）約事於秦割六縣而媾虞卿謂趙王曰秦之攻王也倦而歸乎王以其力尚能進愛王而弗攻乎王曰秦之攻我也不遺餘力矣必以倦而歸也虞卿曰秦以其力攻其所不能取倦而歸王又以其力之所不能取以送之是助秦自攻也來年秦復攻王王無救矣王以虞

卿之言告趙郝趙郝曰虞卿誠能盡秦力之所至乎誠知秦力之所不能進此彈丸之地弗予令秦來年復攻王王得無割其內而媾乎王曰請聽子割矣子能必使來年秦之不復攻我乎趙郝對曰此非臣之所敢任也他日三晉之交於秦相善也今秦善韓魏而攻王王之所以事秦必不如韓魏也今臣爲足下解負親之攻（索隱曰爲足下解其負擔而親自攻之也）開關通幣齊交韓魏至來年而王獨取攻於秦此王之所以事秦必在韓魏之後也此非臣之所敢任也王以告虞卿虞卿對

曰郝言不媾來年秦復攻王王得無割其內而媾乎今媾郝又以不能必秦之不復攻也今雖割六城何益來年復攻又割其力之所不能取而媾此自盡之術也不如無媾秦雖善攻不能取六縣趙雖不能守終不失六城秦倦而歸兵必罷我以六城收天下以攻罷秦是我失之於天下而取償於秦也吾國尚利孰與坐而割地自弱以彊秦哉今郝曰秦善韓魏而攻趙者必以爲韓魏不救趙也而王之軍必孤有以王之事秦不如韓魏也是使王歲以六城事秦也即坐而城盡來年秦復求割地王將與之乎弗與是棄前功而挑秦禍也與之則無地而給之語曰彊者善攻弱者不能守今坐而聽秦秦兵不獘而多得地是彊秦而弱趙也以益彊之秦而割愈弱之趙其計故不止矣且王之地有盡而秦之求無已以有盡之地而給無已之求其勢必無趙矣趙王計未定樓緩從秦來趙王與樓緩計之曰予秦地何如毋予孰吉緩辭讓曰此非臣之所能知也王曰雖然試言公之私（索隱曰按私謂私心也）樓緩對曰王亦聞夫公甫文伯母乎（正義

曰季康子從祖母文伯名歜康子從父昆弟公甫文伯仕於魯病死女子爲自殺於房中者二人其母聞之弗哭也其相室曰正義曰謂傅姆之類也焉有子死而弗哭者乎其母曰孔子賢人也逐於魯而是人不隨也今死而婦人爲之自殺者二人若是者必其於長者薄而於婦人厚也故從母言之是爲賢母從妻言之是必不免爲妬妻故其言一也言者異則人心變矣今臣新從秦來而言勿予則非計也言予之恐王以臣爲爲秦也故不敢對使臣得爲大王計不如予之王曰諾虞卿聞之入見王曰

此飾說也王昚徐廣曰音慎勿予樓緩聞之往見王王又以虞卿之言告樓緩樓緩對曰不然虞卿得其一不得其二夫秦趙搆難而天下皆說何也曰吾且因彊而乘弱矣今趙兵困於秦天下之賀戰勝者則必盡在於秦矣故不如亟割地爲和以疑天下而慰秦之心不然天下將因秦之彊怒乘趙之弊瓜分之趙且亡何秦之圖乎故曰虞卿得其一不得其二願王以此決之勿復計也虞卿聞之往見王王曰危哉樓子之所以爲秦者是愈疑天下而何慰秦之心哉獨不言

其示天下弱乎且臣言勿予者非固勿予而已也秦索六城於王而王以六城賂齊齊秦之深讎也得王之六城并力西擊秦齊之聽王不待辭之畢也則是王失之於齊而取償於秦也而齊趙之深讎可以報矣而示天下有能爲也王以此發聲兵未窺於境臣見秦之重賂至趙而反媾於王也從秦爲媾韓魏聞之必盡重王重王必出重寶以先於王則是王一舉而結三國之親而與秦易道也正義曰前取秦攻今得賂是易道也易音亦趙王曰善則使虞卿東見齊王與之謀秦虞卿未返秦

使者已在趙矣樓緩聞之亡去趙於是封虞卿以一城居頃之而魏請爲從趙孝成王召虞卿謀過平原君索隱曰過音戈平原君曰願卿之論從也虞卿入見王王曰魏請爲從對曰魏過光卧反王曰寡人固未之許對曰王過王曰魏請從卿曰魏過寡人未之許又曰寡人過然則從終不可乎對曰臣聞小國之與大國從事也有利則大國受其福有敗則小國受其禍今魏以小國請其禍而王以大國辭其福臣故曰王過魏亦過竊以爲從便王曰善乃合魏爲從虞卿既以魏

齊之故不重萬戶侯卿相之印與魏齊閒行卒去趙困於梁魏齊已死不得意乃著書索隱曰魏齊魏相与應侯有仇秦求之急乃抵虞卿卿弃相印乃与齊閒行亡歸梁以託信陵君信陵君疑未決齊自殺故虞卿失相乃窮愁而著書也上採春秋下觀近世曰節義稱號揣摩政謀凡八篇以刺譏國家得失世傳之曰虞氏春秋正義曰藝文志云十五篇

太史公曰平原君翩翩濁世之佳公子也然未睹大體鄙語曰利令智昏平原君貪馮亭邪說使趙陷長平兵四十餘萬衆邯鄲幾亡譙周曰長平之陷乃趙王信閒易將之咎何怨平原受馮亭哉虞卿料事揣情爲趙畫策

何其工也及不忍魏齊卒困於大梁庸夫且知其不可況賢人乎然虞卿非窮愁亦不能著書以自見於後世云

索隱述贊曰

翩翩公子　天下奇器　笑姬從戮
義士增氣　兵解李同　盟定毛遂
虞卿躡蹻　受賞料事　乃困魏齊
著書見意

平原君虞卿列傳第十六　史記七十六

信陵君列傳第十七　　史記七十七

魏公子無忌者魏昭王少子而魏安釐王異母弟也昭王薨安釐王即位封公子爲信陵君【索隱曰地理志無信陵或曰是鄉邑名】是時范雎亡魏相秦以怨魏齊故秦兵圍大梁破魏華陽下軍走芒卯魏王及公子患之公子爲人仁而下士士無賢不肖皆謙而禮交之不敢以其富貴驕士士以此方數千里爭往歸之致食客三千人當是時諸侯以公子賢多客不敢加兵謀魏十餘年公子與魏王博而北境傳舉烽言趙寇至且入界【文頴曰作高土櫓櫓上作桔槔桔槔頭兜零以薪置其中謂之烽常低之有寇即火然舉之以相告】魏王釋博欲召大臣謀公子止王曰趙王田獵耳非爲寇也【正義曰爲于僞反】復博如故王恐心不在博居頃復從北方來傳言曰趙王獵耳非爲寇也魏王大驚曰公子何以知之公子曰臣之客有能探得趙王陰事者趙王所爲客輒以報臣臣以此知之是後魏王畏公子之賢能不敢任公子以國政魏有隱士曰侯嬴【索隱曰音盈又曹植音嬴瘦之嬴】年七十家貧爲大梁夷門監者公子聞之往請欲厚遺之不肯受曰臣脩身絜行數十年終不以監門困故而受

公子財公子於是乃置酒大會賓客坐定公子從車騎虛左自迎夷門侯生侯生攝敝衣冠直上載公子上坐不讓欲以觀公子公子執轡愈恭侯生又謂公子曰臣有客在市屠中願枉車騎過之公子引車入市侯生下見其客朱亥俾倪索隱曰俾音浦計反倪音五計反鄒誕生俾音疋未反倪音五弟反○正義曰不正視也故久立與其客語微察公子公子顏色愈和當是時魏將相宗室賓客滿堂待公子舉酒市人皆觀公子執轡從騎皆竊罵侯生侯生視公子色終不變乃謝客就車至家公子引侯生坐上坐徧贊賓客索隱曰徧音遍贊告也謂以侯生徧告賓客賓客皆驚酒酣公子起

爲壽侯生前侯生因謂公子曰今日嬴之爲公子亦足矣徐廣曰爲一作羞嬴乃夷門抱關者也而公子親枉車騎自迎嬴於衆人廣坐之中不宜有所過今公子故過之然嬴欲就公子之名故久立公子車騎市中過客以觀公子公子愈恭市人皆以嬴爲小人而以公子爲長者能下士也於是罷酒侯生遂爲上客侯生謂公子曰臣所過屠者朱亥此子賢者世莫能知故隱屠閒耳公子往數請之朱亥故不復謝公子怪之魏安釐

王二十年秦昭王已破趙長平軍又進兵圍邯鄲公子姊爲趙惠文王弟平原君夫人數遺魏王及公子書請救於魏魏王使將軍晉鄙（索隱曰魏將姓名）將十萬衆救趙秦王使使者告魏王曰吾攻趙旦暮且下而諸侯敢救者已拔趙必移兵先擊之魏王恐使人止晉鄙留軍壁鄴名爲救趙實持兩端以觀望平原君使者冠蓋相屬於魏讓魏公子曰勝所以自附爲婚姻者以公子之高義爲能急人之困今邯鄲旦暮降秦而魏救不至安在公子能急人之困也且公子縱輕勝棄之降秦獨不憐公子姊邪公子患之數請魏王及賓客辯士說王萬端魏王畏秦終不聽公子公子自度終不能得之於王計不獨生而令趙亡乃請賓客約車騎百餘乘欲以客往赴秦軍與趙俱死行過夷門見侯生具告所以欲死秦軍狀辭決而行侯生曰公子勉之矣老臣不能從公子行數里心不快曰吾所以待侯生者備矣天下莫不聞今吾且死而侯生曾無一言半辭送我我豈有所失哉復引車還問侯生侯生笑曰臣固知公子之還也曰公子喜士名

聞天下今有難無他端而欲赴秦軍譬若以肉投餒虎何功之有哉尚安事客然公子遇臣厚公子往而臣不送以是知公子恨之復返也公子再拜因問矦生乃屏人間語（索隱曰間音閑謂静語也）曰嬴聞晉鄙之兵符常在王卧內而如姬最幸出入王卧內力能竊之嬴聞如姬父為人所殺如姬資之三年（索隱曰舊解資之三年謂服齊衰也今按資者畜也謂欲為父復讎之資畜於心已得三年也）自王以下欲求報其父仇莫能得如姬為公子泣公子使客斬其仇頭敬進如姬如姬之欲為公子死無所辭顧未有路耳公子誠一開口請

如姬如姬必許諾則得虎符奪晉鄙軍北救趙而西却秦此五霸之伐也公子從其計請如姬如姬果盜晉鄙兵符與公子公子行矦生曰將在外主令有所不受以便國家公子即合符而晉鄙不授公子兵而復請之事必危矣臣客屠者朱亥可與俱此人力士晉鄙聽大善不聽可使擊之於是公子泣矦生曰公子畏死耶何泣也公子曰晉鄙嚄唶（上音烏百反下音莊白反○索隱曰嚄唶謂多詞句也○正義曰聲類云嚄大笑唶大呼）宿將往恐不聽必當殺之是臣泣耳豈畏死哉於是公子請朱亥朱亥笑曰臣乃市井

哉乃屠者而公子親數存之所以不報謝者以為小禮無所用今公子有急此乃臣效命之秋也遂與公子俱公子過謝侯生侯生曰臣宜從老不能請數公子行日以至晉鄙軍之日北鄉自剄以送公子公子遂行至鄴矯魏王令代晉鄙晉鄙合符疑之舉手視公子曰今吾擁十萬之衆屯於境上國之重任今單車來代之何如哉欲無聽朱亥袖四十斤鐵椎椎殺晉鄙公子遂將晉鄙軍勒兵下令軍中曰父子俱在軍中父歸兄弟俱在軍中兄歸獨子無兄弟歸養得

選兵八萬人進兵擊秦軍秦軍解去遂救邯鄲存趙趙王及平原君自迎公子於界平原君負韊矢呂忱曰韊盛弩矢○索隱曰韊音蘭謂以盛矢如今之胡鹿而短也呂姓忱名作字林者為公子先引趙王再拜曰自古賢人未有及公子者也當此之時平原君不敢自比於人公子與侯生決至軍侯生果北鄉自剄魏王怒公子之盜其兵符矯殺晉鄙公子亦自知也已卻秦存趙使將將其軍歸魏而公子獨與客留趙趙孝成王德公子之矯奪晉鄙兵而存趙乃與平原君計以五城封公子公子聞之意驕矜而有自功

之色容有說公子曰物有不可忘或有不可不忘夫人有德於公子公子不可忘也公子有德於人願公子忘之也且矯魏王令奪晉鄙兵以救趙於趙則有功矣於魏則未爲忠臣也公子乃自驕而功之竊爲公子不取也於是公子立自責似若無所容者趙王埽除自迎執主人之禮引公子就西階公子側行辭讓從東階上禮記曰主人就東階客就西階客若降等則就主人之階自言辠過以負於魏索隱曰負音佩無功於趙趙王侍酒至暮口不忍獻五城以公子退讓也公子竟留趙趙王以鄗爲公子湯沐邑索隱曰鄗音臛趙邑名屬常山魏亦復以信陵奉公子公子留趙公子聞趙有處士毛公藏於博徒薛公藏於賣漿家徐廣曰漿或作醬○索隱曰徐按別録二云也公子欲見兩人兩人自匿不肯見公子公子聞所在乃閒步往從此兩人游甚歡平原君聞之謂其夫人曰始吾聞夫人弟公子天下無雙今吾聞之乃妄從博徒賣漿者游公子妄人耳夫人以告公子公子乃謝夫人去曰始吾聞平原君賢故負魏王而救趙以稱平原君平原君之游徒豪舉耳索隱曰謂豪者舉之舉亦音據也不求士也無忌自在大梁時常聞

此兩人賢至趙恐不得見以無忌從之游尚恐其不我欲也今平原君乃以爲豪其不足從游乃裝爲去夫人具以語平原君平原君乃免冠謝固留公子平原君門下聞之半去平原君歸公子天下士復往歸公子公子傾平原君客公子留趙十年不歸秦聞公子在趙日夜出兵東伐魏魏王患之使使往請公子公子恐其怒之乃誡門下有敢爲魏王使通者死賓客皆背魏之趙莫敢勸公子歸毛公薛公兩人（索隱曰史失其名）往見公子曰公子所以重於趙名聞諸侯者徒以

有魏也今秦攻魏魏急而公子不恤使秦破大梁而夷先王之宗廟公子當何面目立天下乎語未及卒公子立變色告車趣駕歸救魏魏王見公子相與泣而以上將軍印授公子公子遂將魏安釐王三十年公子使使徧告諸侯諸侯聞公子將各遣將將兵救魏公子率五國之兵破秦軍於河外走蒙驁遂乘勝逐秦軍至函谷關抑秦兵（索隱曰抑音憶謂以兵威定之）秦兵不敢出當是時公子威振天下諸侯之客進兵法公子皆名之故世俗稱魏公子兵法（劉歆七略有魏公子兵法二十一篇圖七卷○索隱曰公子所得進

兵法而必稱其名以言其知也秦王患之乃行金萬斤於魏求晉鄙客令毀公子於魏王曰公子亡在外十年矣今為魏將諸侯將皆屬諸侯徒聞魏公子不聞魏王公子亦欲因此時定南面而王諸侯畏公子之威方欲共立之秦數使反間偽賀公子得立為魏王未也魏王日聞其毀不能不信後果使人代公子將公子自知再以毀廢乃謝病不朝與賓客為長夜飲飲醇酒多近婦女日夜為樂飲者四歲竟病酒而卒其歲魏安釐王亦薨秦聞公子死使蒙驁攻魏拔二十城初置東郡

其後秦稍蠶食魏十八歲而虜魏王屠大梁索隱曰魏王名假高祖始微少時數聞公子賢及即天子位每過大梁常祠公子高祖十二年從擊黥布還為公子置守冢五家世世歲以四時奉祠公子

太史公曰吾過大梁之墟求問其所謂夷門夷門者城之東門也天下諸公子亦有喜士者矣然信陵君之接巖穴隱者不恥下交有以也名冠諸侯不虛耳高祖每過之而令民奉祠不絕也

索隱述贊曰

信陵下士　鄰國相傾　以公子故
不敢加兵　頗知朱亥　盡禮侯嬴
遂却晉鄙　終辭趙城　毛薛見重
萬古希聲

信陵君列傳第十七　史記七十七

春申君列傳第十八　史記七十八

春申君者楚人也名歇姓黃氏游學博聞事楚頃襄王（索隱曰名橫考烈王完之父）頃襄王以歇爲辯使於秦秦昭王使白起攻韓魏敗之於華陽禽魏將芒卯韓魏服而事秦秦昭王方令白起與韓魏共伐楚未行而楚使黃歇適至於秦聞秦之計當是之時秦已前使白起攻楚取巫黔中之郡拔鄢郢東至竟陵（正義曰竟陵屬江夏郡也）楚頃襄王東徙治於陳縣（正義曰今陳州也）黃歇見楚懷王之爲秦所誘而入朝遂見欺留死於秦頃襄王其子也秦輕之

恐壹舉兵而滅楚歇乃上書說秦昭王曰天下莫彊於秦楚今聞大王欲伐楚此猶兩虎相與鬬兩虎相與鬬而駑犬受其弊（索隱曰謂兩虎鬬乃受斃於駑犬劉氏云受猶承也）不如善楚臣請言其說臣聞物至則反冬夏是也（正義曰至極也極則反也冬至陰之極夏至陽之極）致至則危（徐廣曰至或作安）累棊是也今大國之地徧天下有其二垂（正義曰言極東西）此從生民已來萬乘之地未嘗有也先帝文王莊王之身三世不忘接地於齊以絕從親之要（索隱曰音腰以言山東從韓魏是其要膂）今王使盛橋守事於韓（索隱曰秦使盛橋守事於韓亦如楚使召滑相趙然也並內行章義之難）盛橋以其地

入秦是王不用甲不信威索隱曰信音申而得百里之
地王可謂能矣王又舉甲而攻魏杜大梁之門
舉河内拔燕酸棗虛徐廣曰秦始皇五年取酸棗燕虛蘇代曰決宿胥之口魏無虛
頓丘桃徐廣曰燕縣有桃城入邢徐廣曰平皐有邢丘○正義曰邢丘在懷州武德縣東南二十里魏
之兵雲翔而不敢捄王之功亦多矣王休甲息
衆二年而後復之又并蒲衍首垣徐廣曰蘇秦云北有河外卷衍
長垣縣有蒲鄉○索隱曰此蒲在衛之長垣蒲鄉也衍在河南與卷近首蓋牛首垣即長垣非河東之垣也垣音圓以
臨仁平丘徐廣曰屬陳留○索隱曰仁及平丘二縣名謂以兵臨此二縣則黃及濟陽等自嬰城而守也
地理志平丘縣屬陳留仁闕黃濟陽嬰城徐廣曰蘇代云決白馬之口魏無黃濟陽○正義曰
故黃城在曹州考城縣東濟陽故城在曹州宛句縣西南嬰城未詳而魏氏服王又割濮

磿之北徐廣曰濮水北於鉅野入濟○索隱曰地名近濮注齊秦之要絶楚
趙之脊正義曰劉伯莊云言秦得魏地楚趙之絶從天下五合六聚而不
敢救王之威亦單矣徐廣曰單亦作殫○索隱曰按單音丹單盡也言王之威盡行
也王若能持功守威絀攻取之心而肥仁義之
地使無後患三王不足四五伯不足六也王若
負人徒之衆仗兵革之彊乘毀魏之威而欲以
力臣天下之主臣恐其有後患也詩曰靡不有
初鮮克有終易曰狐涉水濡其尾正義曰言狐惜其尾每涉水舉
尾不令濕此至極困則濡之譬言不可力臣之此言始之易終之難也何以
知其然也昔智氏見伐趙之利而不知榆次之

兄弟接踵而死於秦者將十世矣本國殘社稷壞宗廟毁刳腹絶腸折頸摺頤徐廣曰一作顛○索隱曰摺音拉頤音夷首身分離暴骸骨於草澤頭顱僵仆相望於境父子老弱係脰束手爲羣虜者相及於路鬼神孤傷無所血食人民不聊生族類離散流亡爲僕妾者盈滿海内矣故韓魏之不亡秦社稷之憂也今王資之與攻楚不亦過乎且王攻楚將惡出兵正義曰惡音烏王將借路於仇讎之韓魏乎兵出之日而王憂其不返也是王以兵資於仇讎之韓魏也王若不借路於仇讎之韓魏必攻

隨水右壤隨水右壤此皆廣川大水山林谿谷不食之地也索隱曰楚都陳隨水之右壤蓋在隨之西今鄧州之西其地多山林者是王雖有之不爲得地是王有毁楚之名而無得地之實也且王攻楚之日四國必悉起兵以應王秦楚之兵構而不離魏氏將出而攻留方與銍湖陵碭蕭相故宋必盡正義曰徐州西宋州東兗州南並故宋地齊人南面攻楚泗上必舉正義曰此時徐泗屬齊也此皆平原四達膏腴之地而使獨攻索隱曰若秦楚構兵不休則魏盡故宋齊取泗上是使齊魏獨攻伐而得其利者也王破楚以肥韓魏於中國而勁齊韓魏之彊足以校於秦索隱曰校音教謂足以與秦爲敵也一云校者報也

言力能報秦齊南以泗水爲境東負海北倚河而無後患天下之國莫彊於齊魏齊魏得地葆利而詳事下吏一年之後爲帝未能其於楚王之爲帝有餘矣索隱曰言齊一年之後未即能爲帝而能禁秦爲帝有餘力矣然禁字作楚者誤也夫以王壤土之博人徒之衆兵革之彊壹舉事而樹怨於楚遲令韓魏歸帝重於齊是王失計也徐廣曰遲一作還〇索隱曰遲音值值猶乃也令音力呈反韓魏重齊令歸帝號此秦之計失也臣爲王慮莫若善楚秦楚合而爲一以臨韓韓必斂手王施以東山之險帶以曲河之利韓必爲關內之侯若是而王以十萬戍鄭梁氏寒心許鄢陵嬰城而上蔡召陵不往來也如此而魏亦關內侯矣王壹善楚而關內兩萬乘之主注地於齊索隱曰注謂以兵裁之齊右壤可拱手而取也正義曰右壤謂渭州之南北也王之地一經兩海索隱曰西海至東海皆是秦地正義曰廣言橫度中國東西也要約天下是燕趙無齊楚齊楚無燕趙也然後危動燕趙直搖齊楚此四國者不待痛而服矣昭王曰善於是乃止白起而謝韓魏發使賂楚約爲與國黃歇受約歸楚楚使歇與太子完入質於秦秦留之數年楚頃襄王病太子不得歸而楚太子與秦相應侯善於是黃歇乃說應侯曰相國誠

善楚太子乎應侯曰然歇曰今楚王恐不起疾秦不如歸其太子太子得立其事秦必重而德相國無窮是親與國而得儲萬乘也若不歸則咸陽一布衣耳楚更立太子必不事秦夫失與國而絕萬乘之和非計也願相國孰慮之應侯以聞秦王秦王曰令楚太子之傅先往問楚王之疾返而後圖之黃歇爲楚太子計曰秦之留太子也欲以求利也今太子力未能有以利秦也歇憂之甚而陽文君子二人在中王若卒大命太子不在陽文君子必立爲後太子不得奉

宗廟矣不如亡秦與使者俱出臣請止以死當之楚太子因變衣服爲楚使者御以出關而黃歇守舍常爲謝病度太子已遠秦不能追歇乃自言秦昭王曰楚太子已歸出遠矣歇當死願賜死昭王大怒欲聽其自殺也應侯曰歇爲人臣出身以徇其主太子立必用歇故不如無罪而歸之以親楚秦因遣黃歇歇至楚三月楚頃襄王卒徐廣曰三十六年太子完立是爲考烈王考烈王元年以黃歇爲相封爲春申君正義曰然四君封邑檢皆不獲唯平原有地又非趙境並蓋號謚而孟嘗是謚賜淮北地十二縣後十五歲黃

歇言之楚王曰[redacted]其事急請以爲郡便因并獻淮北十二縣請封於江東考列王許之春申君因城故吳墟正義曰墟音虛闔閭今蘇州也於城內小城西北別築城居之今圯毀也又大內北瀆四從五横至今猶存又攻破楚門爲昌門以自爲都邑春申君旣相楚是時齊有孟嘗君趙有平原君魏有信陵君方爭下士招致賓客以相傾奪輔國持權春申君爲楚相四年秦破趙之長平軍四十餘萬五年圍邯鄲邯鄲告急於楚楚使春申君將兵往救之秦兵亦去春申君歸春申君相楚八年爲楚北伐滅魯索隱曰年表云八年取魯封魯君於莒十四年滅也以荀

卿爲蘭陵令當是時楚復彊趙平原君使人於春申君春申君舍之於上舍趙使欲夸楚爲瑇瑁簪刀劒室以珠玉飾之請命春申君客春申君客三千餘人其上客皆躡珠履以見趙使趙使大慙春申君相十四年秦莊襄王立以呂不韋爲相封爲文信侯取東周春申君相二十二年諸侯患秦攻伐無已時乃相與合從西伐秦徐廣曰始皇六年而楚王爲從長春申君用事至函谷關秦出兵攻諸侯兵皆敗走楚考烈王以咎春申君春申君以此益疏客有觀津人朱英正義曰觀音館

（今魏州觀城縣也）謂春申君曰人皆以楚爲彊而君用之弱其於英不然先君時善秦二十年而不攻楚何也秦踰黽隘之塞（正義曰黽隘之塞在申州黽音盲也）而攻楚不便假道於兩周背韓魏而攻楚不可今則不然魏旦暮亡不能愛許鄢陵其許魏割以與秦秦兵去陳百六十里（徐廣曰在許東南）臣之所觀者見秦楚之日鬬也楚於是去陳徙壽春而秦徙衞野王作置東郡（正義曰濮滑州兼河北置東郡濮州本衞都而徙野王也）春申君由此就封於吳行相事楚考烈王無子春申君患之求婦人宜子者進之甚衆卒無子趙人李園持其

女弟欲進之楚王聞其不宜子恐久毋寵李園求事春申君爲舍人已而謁歸故失期還謁春申君問之狀對曰齊王使使求臣之女弟與其使者飲故失期春申君曰娉入乎對曰未也春申君曰可得見乎曰可於是李園乃進其女弟即幸於春申君知其有身李園乃與其女弟謀園女弟承閒以說春申君曰楚王之貴幸君雖兄弟不如也今君相楚二十餘年而王無子即百歲後將更立兄弟則楚更立君後亦各貴其故所親君又安得長有寵乎非徒然也君

貴用事久多失禮於王兄弟兄弟誠立禍且及身何以保相印江東之封乎今妾自知有身矣而人莫知妾幸君未久誠以君之重而進妾於楚王王必幸妾妾賴天有子男則是君之子爲王也楚國盡可得孰與身臨不測之罪乎春申君大然之乃出李園女弟謹舍而言之楚王楚王召入幸之遂生子男立爲太子以李園女弟爲王后楚王貴李園園用事李園既入其女弟立爲王后子爲太子恐春申君語泄而益驕陰養死士欲殺春申君以滅口而國人頗有知之

者春申君相二十五年楚考烈王病朱英謂春申君曰世有毋望之福（正義曰无望猶不望而忽至）又有毋望之禍（索隱曰周易有无妄卦其義殊也）今君處毋望之世（正義曰謂生死无常）事毋望之主（正義曰謂喜怒不節也）安可以無毋望之人乎（正義曰謂吉凶忽爲）春申君曰何謂毋望之福曰君相楚二十餘年矣雖名相國實楚王也今楚王病旦暮且卒而君相少主因而代立當國如伊尹周公王長而反政不即遂南面稱孤而有楚國此所謂毋望之福也春申君曰何謂毋望之禍曰李園不治國而君之仇也（索隱曰言園是春申之仇也戰国策作君之舅謂爲王之

（舅意）不爲兵而養死士之日久矣楚王卒李園必先入據權而殺君以滅口此所謂毋望之禍也春申君曰何謂毋望之人對曰君置臣郎中楚王卒李園必先入臣爲君殺李園此所謂毋望之人也春申君曰足下置之李園弱人也僕又善之且又何至此朱英知言不用恐禍及身乃亡去後十七日楚考烈王卒李園果先入伏死士於棘門之內（正義曰壽州城門）春申君入棘門園死士俠刺春申君斬其頭投之棘門外（正義曰楚考烈王二十五年秦始皇九年）於是遂使吏盡滅春申君之家而李園女弟初幸春申君有身而入之王所生子者遂立是爲楚幽王（索隱曰按楚捍有毋弟猶猶有庶兄負芻及昌平君是楚君完非無子而上文云考烈王無子誤也）是歲也秦始皇帝立九年矣嫪毐亦爲亂於秦覺夷其三族而呂不韋廢

太史公曰吾適楚觀春申君故城宮室盛矣哉初春申君之說秦昭王及出身遣太子歸何其智之明也後制於李園旄矣（徐廣曰旄音耄）語曰當斷不斷反受其亂春申君失朱英之謂邪

索隱述贊曰

黃歇辯智　權略秦楚　太子獲歸

身作宰輔　珠炫趙客　邑開吳土
列王寡亂　李園獻女　無妄成災
朱英徒語

春申君列傳第十八　　　史記七十八

晝見王稽曰夜與俱來鄭安平夜與張禄見王稽語未究王稽知范睢賢謂曰先生待我於三亭之南（索隱曰三亭亭名在魏境之邊道亭也今無其處一云魏之郊境揔有三亭皆祖餞之處如今與期三亭之南盖送餞已畢無人之處所也○正義曰括地志云三亭岡在汴州尉氏縣西南三十七里按三亭岡在山部中名也盖岡亭誤爲南）與私約而去王稽辭魏去過載范睢入秦至湖關（索隱曰地理志京兆有湖縣本名胡武帝更名湖即今湖城也○正義曰今虢州湖城縣也）望見車騎從西來范睢曰彼來者爲誰王稽曰秦相穰侯東行縣邑范睢曰吾聞穰侯專秦權惡内諸侯客（索隱曰内音納亦如字内猶入也）此恐辱我我寧且匿車中有頃穰侯果至勞王稽因立車而語

曰關東有何變曰無有又謂王稽曰謁君得無與諸侯客子俱來乎無益徒亂人國耳王稽曰不敢即別去范睢曰吾聞穰侯智士也其見事遲鄉者疑車中有人忘索之（索隱曰索搜也先格反）於是范睢下車走曰此必悔之行十餘里果使騎還索車中無客乃已王稽遂與范睢入咸陽已報使因言曰魏有張禄先生天下辯士也曰秦王之國危於累卵（正義曰說苑云晉靈公造九層臺費用千金謂左右曰敢有諫者斬荀息聞之上書求見靈公張弩持矢見之曰臣不敢諫也臣能累十二博棊加九雞子其上公曰子爲寡人作之荀息正顔色定志意以棊子置下加九雞子其上左右懼慴息靈公氣息不續公曰危哉危哉荀息曰不危也復有危於此者公曰願見之荀息

曰九層之臺三年不成男不耕女不織國用空虛隣國謀議將興社稷亡滅君欲何望靈公曰寡人之過也乃至於此即壞九層臺也得臣則安然不可以書傳也臣故載來秦王弗信使舍食草具（索隱曰謂亦舍之而食以下客之具然草具謂麤食草菜之饌具也）待命歲餘當是時昭王已立三十六年南拔楚之鄢郢楚懷王幽死於秦秦東破齊湣王嘗稱帝後去之數困三晉猒天下辯士無所信穰侯華陽君（徐廣曰華一作葉○索隱曰穰侯謂冉宣太后之異父弟穰縣在南陽華陽君芊戎宣太后之同父弟亦號為新城君是也）昭王母宣太后之弟也而涇陽君高陵君皆昭王同母弟也穰侯相三人者更將有封邑以太后故私家富重於王室及穰侯為秦將且欲越韓魏而伐齊綱壽欲以廣其陶封范雎乃上書曰臣聞明王立政（索隱曰戰國策立作涖）有功者不得不賞有能者不得不官勞大者其祿厚功多者其爵尊能治衆者其官大故無能者不敢當職焉有能者亦不得蔽隱使以臣之言為可願行而益利其道以臣之言為不可久留臣無為也語曰庸主賞所愛而罰所惡明主則不然賞必加於有功而刑必斷於有罪今臣之胷不足以當椹質（索隱曰椹音陟林反椹者莝椹也質剉刃也謂腰斬者為椹質也）而要不足以待斧鉞豈敢以疑事嘗試於王哉雖

以臣爲賤人而輕辱獨不重任臣者之無反復於王邪且臣聞周有砥砨宋有結緑梁有縣藜薛綜曰縣藜一曰美玉楚有和朴正義曰縣音玄劉伯莊云珎玉朴也此四寶者土之所生良工之所失也而爲天下名器然則聖王之所棄者獨不足以厚國家乎臣聞善厚家者取之於國善厚國者取之於諸侯天下有明主則諸侯不得擅厚者何也爲其割榮也索隱曰割榮即上之擅厚謂擅權也良醫知病人之死生而聖主明於成敗之事利則行之害則舍之疑則少嘗之雖舜禹復生弗能改已語之至者臣不敢載之於

書其淺者又不足聽也意者臣愚而不槪於王心邪徐廣曰一作溉音同○索隱曰戰國策槪作關謂關渉於王心也徐注音同非也亡其言臣者賤而不可用乎索隱曰亡猶輕蔑也自非然者臣願得少賜游觀之間望見顔色一語無效請伏斧質於是秦昭王大說乃謝王稽使以傳車徐廣曰一云使持車○索隱曰徐按戰國策文也召范雎於是范雎乃得見於離宮正義曰長安故城本秦離宮在雍長安北十二里也詳爲不知永巷而入其中正義曰永巷宮中獄也王來而宦者怒逐之曰王至范雎繆爲曰秦安得王秦獨有太后穰侯耳欲以感怒昭王昭王至聞其與宦者爭言遂延迎謝曰寡

人宜以身受命久矣會義渠之事急寡人旦暮自請太后今義渠之事已寡人乃得受命竊閔然不敏索隱曰鄒誕生本作惛然音昏又一作閔音敏閔猶昏闇也敬執賓主之禮范雎辭讓是日觀范雎之見者羣臣莫不洒徐廣曰先典反然變色易容者索隱曰洒然敬肅之貌秦王屏左右宮中虛無人秦王跽而請索隱曰跽其紀反跽者長跽兩膝被地曰先生何以幸教寡人范雎曰唯唯有閒秦王復跽而請曰先生何以幸教寡人范雎曰唯唯若是者三秦王跽曰先生卒不幸教寡人邪范雎曰非敢然也臣聞昔者呂尚之遇文王也身為漁

父而釣於渭濱耳若是者交疏也已說而立為太師載與俱歸者其言深也故文王遂收功於呂尚而卒王天下鄉使文王疏呂尚而不與深言是周無天子之德而文武無與成其王業也今臣羇旅之臣也交疏於王而所願陳者皆匡君之事處人骨肉之閒願效愚忠而未知王之心也此所以王三問而不敢對者也臣非有畏而不敢言也臣知今日言之於前而明日伏誅於後然臣不敢避也大王信行臣之言死不足以為臣患亡不足以為臣憂漆身為厲索隱曰厲音賴

癩病也言漆塗身生瘡如病癩被髮爲狂不足以爲臣恥且以五帝之聖焉而死三王之仁焉而死五伯之賢焉而死烏獲任鄙之力焉而死成荊徐廣曰一作羌孟賁許慎曰成荊古勇士孟賁衞人王慶忌吳越春秋曰吳王僚子慶忌夏育之勇焉而死漢書音義曰或云夏育衞人力舉千鈞死者人之所必不免也處必然之勢可以少有補於秦此臣之所大願也臣又何患哉伍子胥橐載而出昭關夜行晝伏至於陵水無以餬其口索隱曰劉氏云陵水即栗水也陵栗聲相近故惑也膝行蒲伏稽首肉袒鼓腹吹篪徐廣曰一作簫乞食於吳市卒興吳國闔閭爲伯使臣得盡謀如伍子

胥加之以幽囚終身不復見是臣之說行也臣又何憂箕子接輿漆身爲厲被髮爲狂無益於主假使臣得同行於箕子可以有補所賢之主是臣之大榮也臣有何恥臣之所恐者獨恐臣死之後天下見臣之盡忠而身死因以是杜口裹足莫肯鄉秦耳足下上畏太后之嚴下惑於姦臣之態索隱曰態謂姦臣諂詐之態也居深宮之中不離阿保之手終身迷惑無與昭姦正義曰昭明也無與明其姦惡大者宗廟滅覆小者身以孤危此臣之所恐耳若夫窮辱之事死亡之患臣不敢畏也臣死而秦治是

臣死賢於生秦王跽曰先生是何言也夫秦國辟遠寡人愚不肖先生乃幸辱至於此是天以寡人慁先生（徐廣曰慁先生也音溷○索隱曰二字並音胡困反慁猶汨亂之意）而存先王之宗廟也寡人得受命於先生是天所以幸先王而不棄其孤也先生柰何而言若是事無小大上及太后下至大臣願先生悉以教寡人無疑寡人也范雎拜秦王亦拜范雎曰大王之國四塞以爲固北有甘泉谷口（正義曰括地志云甘泉山一名鼓原俗名磨石嶺在雍州雲陽縣西北九十里關中記云甘泉宮在甘泉山上秦代永久無復甘泉之名失其實也宮北云有連山土人爲磨石嶺郊祀志云公孫卿言黃帝得仙寒門寒門者谷口也按九嵏山中西謂之谷口即古寒門也在雍州醴泉縣東北四十里）南帶涇渭右隴蜀左關阪奮擊百萬戰車千乘利則出攻不利則入守此王者之地也民怯於私鬬而勇於公戰此王者之民也王并此二者而有之夫以秦卒之勇車騎之衆以治諸侯譬若馳韓盧而搏蹇兔也（索隱曰戰國策云韓盧者天下之壯犬也是韓盧爲犬謂施韓盧而搏蹇兔以喻秦彊言取諸侯之易也）霸王之業可致也而羣臣莫當其位至今閉關十五年不敢窺兵於山東者是穰侯爲秦謀不忠而大王之計有所失也秦王跽曰寡人願聞失計然左右多竊聽者范雎恐未敢言內先言外事以觀秦王之

俯仰因進曰夫穰侯越韓魏而攻齊綱壽非計也少出師則不足以傷齊多出師則害於秦臣意王之計欲少出師而悉韓魏之兵也則不義矣今見與國之不親也越人之國而攻可乎其於計疎矣且昔齊湣王南攻楚破軍殺將再辟地千里（正義曰辟尺亦反）而齊尺寸之地無得焉者豈不欲得地哉形勢不能有也諸侯見齊之罷獘君臣之不和也興兵而伐齊大破之士辱兵頓皆咎其王曰誰爲此計者乎王曰文子爲之（索隱曰謂田文孟嘗君也猶戰國策謂田盼田嬰爲盼子嬰子也）大臣作亂文子出走故

齊所以大破者以其伐楚而肥韓魏也此所謂借賊兵而齎盜糧者也（索隱曰借音子夜反一作藉亦音同齎音側奚反言爲盜齎糧也）王不如遠交而近攻得寸則王之寸也得尺亦王之尺也今釋此而遠攻不亦繆乎且昔者中山之國地方五百里趙獨呑之功成名立而利附焉天下莫之能害也今夫韓魏中國之處而天下之樞也王其欲霸必親中國以爲天下樞以威楚趙楚彊則附趙趙彊則附楚楚趙皆附齊必懼矣齊懼必卑辭重幣以事秦齊附而韓魏因可虜也昭王曰吾欲親魏久矣而魏多

變之國也寡人不能親請問親魏奈何對曰王卑詞重幣以事之不可則割地而賂之不可因舉兵而伐之王曰寡人敬聞命矣乃拜范睢爲客卿謀兵事卒聽范睢謀使五大夫綰伐魏拔懷 徐廣曰昭王三十九年 後二歲拔邢丘客卿范睢復說昭王曰秦韓之地形相錯如繡秦之有韓也譬如木之有蠹也 正義曰音妬石桂虫 人之有心腹之病也天下無變則已天下有變其爲秦患者孰大於韓乎王不如收韓昭王曰吾固欲收韓韓不聽爲之奈何對曰韓安得無聽乎王下兵而攻滎陽

則鞏成皋之道不通 正義曰言宜陽陝虢之師不得下相救 北斷太行之道則上黨之師不下 正義曰言澤潞之師不得下太行相救 王一興兵而攻滎陽則其國斷而爲三 正義曰新鄭已南一宜陽今二澤潞三 夫韓見必亡安得不聽乎若韓聽而霸事因可慮矣王曰善且欲發使於韓范睢曰益親復說用數年矣因請閒說曰 正義曰閒音閑 臣居山東時聞齊之有田文不聞其有王也聞秦之有太后穰侯華陽高陵涇陽不聞其有王也夫擅國之謂王能利害之謂王制殺生之威之謂王今太后擅行不顧穰侯出使不報華陽涇陽等擊斷

無諱諱畏也高陵進退不請四貴備而國不危者
未之有也為此四貴者下乃所謂無王也然則
權安得不傾令安得從王出乎臣聞善治國者
乃內固其威而外重其權穰矦使者操王之重
決制於諸矦剖符於天下政適徐廣曰音征敵伐國莫
敢不聽戰勝攻取則利歸於陶國獘御於諸矦
索隱曰獘者斷也御者制也言穰矦執權以制御主斷於諸矦也戰敗則結怨於百姓
而禍歸於社稷詩曰木實繁者披其枝正義曰披音片被反
披其枝者傷其心大其都者危其國尊其臣者
卑其主崔杼淖齒管齊索隱曰淖姓也音尼教反漢有淖姬是也高誘曰管

典也言二人典齊權而行弒逆也○正義曰淖齒楚人齊湣王臣射王股擢王筋索隱曰言
射王股誤也按崔杼射莊公之股淖齒縮湣王之筋是說二君事縣之於廟梁宿昔而
死李兌管趙囚主父於沙丘正義曰沙丘臺在邢州平鄉縣東北二十里
百日而餓死今臣聞秦太后穰矦用事高陵華
陽涇陽佐之卒無秦王此亦淖齒李兌之類也
且夫三代所以亡國者君專授政縱酒馳騁弋
獵不聽政事其所授者妬賢嫉能御下蔽上以
成其私不為主計而主不覺悟故失其國今自
有秩以上至諸大吏下及王左右無非相國之
人者見王獨立於朝臣竊為王恐萬世之後有

秦國者非王子孫也昭王聞之大懼曰善於是廢太后逐穰侯高陵華陽涇陽君於關外秦王乃拜范睢爲相收穰侯之印使歸陶因使縣官給車牛以徙千乘有餘到關關閱其寶器寶器珍怪多於王室秦封范睢以應號爲應侯 索隱曰劉氏云河東臨晉有應亭則秦地有應也又按本紀以應爲太后養地解者云在潁川之應鄉未知孰是○正義曰括地志云故應城古應鄉在汝州魯山縣東四十里也 當是時秦昭王四十一年也

范睢既相秦秦號曰張祿而魏不知以爲范睢已死久矣魏聞秦且東伐韓魏魏使須賈於秦范睢聞之爲微行敝衣閒步之邸 正義曰劉云諸國客館

見須賈須賈見之而驚曰范叔固無恙乎范睢曰然須賈笑曰范叔有說於秦邪曰不也睢前日得過於魏相故亡逃至此安敢說乎須賈曰今叔何事范睢曰臣爲人庸賃須賈意哀之留與坐飲食曰范叔一寒如此哉乃取其一綈袍以賜之 索隱曰綈厚繒也音啼蓋今之絁也○正義曰今之麤袍 須賈因問曰秦相張君公知之乎吾聞幸於王天下之事皆決於相君今吾事之去留在張君孺子豈有客習於相君者哉 索隱曰劉氏云孺子蓋謂睢爲小子 范睢曰主人翁習知之唯睢亦得謁睢請爲君見於張君

須賈曰吾馬病車軸折非大車駟馬吾不出范
睢曰願爲君借大車駟馬於主人翁范睢歸取
大車駟馬爲須賈御之入秦相府府中望見有
識者皆避匿須賈怪之至相舍門謂須賈曰待
我我爲君先入通於相君須賈待門下持車良
久問門下曰范叔不出何也門下曰無范叔須
賈曰鄉者與我載而入者門下曰乃吾相張君
也須賈大驚自知見賣乃肉袒膝行因門下人
謝罪於是范睢盛帷帳侍者甚衆見之須賈頓
首言死罪曰賈不意君能自致於青雲之上賈

不敢復讀天下之書不敢復與天下之事賈有
湯鑊之罪請自屛於胡貉之地唯君死生之范
睢曰汝罪有幾曰擢賈之髮以續賈之罪尚未
足范睢曰汝罪有三耳昔者楚昭王時而申包
胥爲楚郤吳軍楚王封之以荆五千户包胥辭
不受爲丘墓之寄於荆也今睢之先人丘墓亦
在魏公前以睢爲有外心於齊而惡睢於魏齊
公之罪一也當魏齊辱我於廁中公不止罪二
也更醉而溺我公其何忍乎罪三矣然公之所
以得無死者以綈袍戀戀有故人之意故釋公

乃謝罷入言之昭王罷歸須賈須賈辭於范雎范雎大供具盡請諸侯使與坐堂上食飲甚設而坐須賈於堂下置莝豆其前令兩黥徒夾而馬食之數曰爲我告魏王急持魏齊頭來不然者我且屠大梁須賈歸以告魏齊魏齊恐亡走趙匿平原君所范雎既相王稽謂范雎曰事有不可知者三有不可奈何者亦三宮車一日晏駕（應劭曰天子當晨起早作如方崩殞故稱晏駕韋昭曰凡初崩爲晏駕者臣子之心猶謂宮車當駕而晚出）是事之不可知者一也君卒然捐館舍是事之不可知者二也使臣卒然塡溝壑是事之不可知者

三也宮車一日晏駕君雖恨於臣無可奈何君卒然捐館舍君雖恨於臣亦無可奈何使臣卒然塡溝壑君雖恨於臣亦無可奈何范雎不懌乃入言於王曰非王稽之忠莫能内臣於函谷關非大王之賢聖莫能貴臣今臣官至於相爵在列矦王稽之官尚止於謁者非其内臣之意也昭王召王稽拜爲河東守三歲不上計（司馬彪曰凡郡長治民進賢勸功決訟檢姦常以春行所至縣勸民農桑振救乏絶秋冬遣無害吏案訊問諸囚平其罪法論課殿最歲盡遣吏上計）又任鄭安平昭王以爲將軍范雎於是散家財物盡以報所嘗困戹者一飯之德必償

睚眦之怨必報索隱曰睚音崖賣反眦音士資反睚眦謂相嗔怒而見齒也范睢相秦二年秦昭王之四十二年東伐韓少曲徐廣曰蘇代曰起少曲一日而斷太行索隱曰劉氏以爲蓋在太行西南高平拔之正義曰括地志云南韓王故城在懷州河陽縣西北四十里俗謂之韓王城非也秦時周桓王以與鄭紀年云鄭侯使辰歸晉陽向更名高平拔之則少曲當與高平相近秦昭王聞魏齊在平原君所欲爲范睢必報其仇乃詳爲好書遺平原君曰寡人聞君之高義願與君爲布衣之友君幸過寡人寡人願與君爲十日之飲平原君畏秦且以爲然而入秦見昭王昭王與平原君飲數日昭王謂平原君曰昔周文王得呂尚以爲太公齊桓公

得管夷吾以爲仲父今范君亦寡人之叔父也范君之仇在君之家願使人歸取其頭來不然吾不出君於關平原君曰貴而爲友者爲賤也富而爲交者爲貧也索隱曰上爲如字下爲音于僞反以言富貴而結交情深者爲有貧賤之時不可忘之也夫魏齊者勝之友也在固不出也今又不在臣所昭王乃遺趙王書曰王之弟在秦范君之仇魏齊在平原君之家王使人疾持其頭來不然吾舉兵而伐趙又不出王之弟於關趙孝成王乃發卒圍平原君家急魏齊夜亡出見趙相虞卿虞卿度趙王終不可說乃解其相印

與魏齊亡間行念諸侯莫可以急抵者乃復走大梁欲因信陵君以走楚信陵君聞之畏秦猶豫未肯見曰虞卿何如人也時侯嬴在旁曰人固未易知知人亦未易也夫虞卿躡屩檐簦一見趙王賜白璧一雙黃金百鎰再見拜為上卿三見卒受相印封萬戶侯當此之時天下爭知之夫魏齊窮困過虞卿虞卿不敢重爵祿之尊解相印捐萬戶侯而間行急士之窮而歸公子公子曰何如人人固不易知知人亦未易也信陵君大慙駕如野迎之魏齊聞信陵君之初難

見之怒而自剄趙王聞之卒取其頭予秦秦昭王乃出平原君歸趙昭王四十三年秦攻韓汾陘拔之（索隱曰陘音邢陘蓋在韓之西界與汾相近也○正義曰按陘庭故城在絳州曲沃縣西北二十里汾水之陽）因城河上廣武（索隱曰劉氏云此河上蓋近河北之地本屬韓今秦得而城）後五年昭王用應侯謀縱反間賣趙趙以其故令馬服子代廉頗將（索隱曰馬服子趙括之號也虞喜志林云馬兵之首也號曰馬服者言能服馬也鄒氏頻音疋波反）秦大破趙於長平遂圍邯鄲已而與武安君白起有隙言而殺之（徐廣曰在五十年○索隱曰徐據秦本紀及表而知也）任鄭安平使將擊趙鄭安平為趙所困急以兵二萬人降趙應侯席藁請罪秦之法任人

而所任不善者各以其罪罪之於是應侯罪當
收三族秦昭王恐傷應侯之意乃下令國中有
敢言鄭安平事者以其罪罪之而加賜相國應
侯食物日益厚以順適其意後二歲王稽爲河
東守與諸侯通坐法誅（徐廣曰五十二年）而應侯日益
以不懌昭王臨朝歎息應侯進曰臣聞主憂臣
辱主辱臣死今大王中朝而憂臣敢請其罪昭
王曰吾聞楚之鐵劍利而倡優拙（正義曰論士能善卒不戰）夫
鐵劍利則士勇倡優拙則思慮遠夫以遠思慮
而御勇士吾恐楚之圖秦也夫物不素具不可

以應卒今武安君既死而鄭安平等畔內無良
將而外多敵國吾是以憂欲以激勵應侯（索隱曰激
音擊）應侯懼不知所出蔡澤聞之往入秦也
蔡澤者燕人也游學干諸侯（正義曰不待禮曰干）小大甚衆
不遇而從唐舉相（荀卿曰梁有唐舉○索隱曰荀卿書作唐莒）曰吾聞先
生相李兌曰百日之內持國秉政有之乎（索隱曰按
左傳云國子實執齊秉服虔曰秉權柄也）曰有之曰若臣者何如唐舉孰
視而笑曰先生曷鼻巨肩（徐廣曰曷一作偈偈一作仰巨一作渠○索隱曰曷
鼻謂鼻如蝎虫也巨肩肩巨於項也盖項低而肩豎也偈其例反）魋顏蹙齃膝攣（攣手兩
膝曲也徐廣曰一作率○索隱曰上魋音徒回反魋顏謂顏貌魋回若魋梧然也齃音烏曷反蹙齃謂鼻蹙眉膝攣謂膝

又攣曲也吾聞聖人不相殆先生乎蔡澤知唐舉戲之乃曰富貴吾所自有吾所不知者壽也願聞之唐舉曰先生之壽從今以往者四十三歲蔡澤笑謝而去謂其御者曰吾持梁刺齒肥持梁作飯也刺齒二字當作齧齒又作齕也〇索隱曰持梁謂作梁米飯而持其器以食良也刺齒肥當爲齧肥謂食肥肉也躍馬疾驅懷黃金之印結紫綬於要揖讓人主之前食肉富貴四十三年足矣去之趙見逐入韓魏遇奪釜鬲於塗爾雅曰欵足者謂之鬲郭璞曰鼎曲脚〇索隱曰釜音父鬲音歷欵者空也言其足中空也而郭氏云鼎曲脚者以欵訓曲故云曲脚也聞應侯任鄭安平王稽皆負重罪於秦應侯內慙蔡澤乃西入秦將

見昭王使人宣言以感怒應侯曰燕客蔡澤天下雄俊弘辯智士也彼一見秦王秦王必困君而奪君之位應侯聞曰五帝三代之事百家之說吾既知之衆口之辯吾皆摧之是惡能困我而奪我位乎使人召蔡澤蔡澤入則揖應侯應侯固不快及見之又倨應侯因讓之曰子常宣言欲代我相秦寧有之乎對曰然應侯曰請聞其說蔡澤曰吁君何見之晚也夫四時之序成功者去夫人生百體堅彊手足便利耳目聰明而心聖智豈非士之願與應侯曰然蔡澤曰質

仁秉義行道施德得志於天下天下懷樂敬愛而尊慕之皆願以爲君王豈不辯智之期與應侯曰然蔡澤復曰富貴顯榮成理萬物使各得其所性命壽長終其天年而不夭傷天下繼其統守其業傳之無窮名實純粹澤流千里徐廣曰一本無此字世世稱之而無絕與天地終始豈道德之符而聖人所謂吉祥善事者與應侯曰然蔡澤曰若夫秦之商君楚之吳起越之大夫種其卒然亦可願與應侯知蔡澤之欲困己以說式紲反復謬曰何爲不可夫公孫鞅之事孝公也極身

無貳慮盡公而不顧私設刀鋸以禁姦邪信賞罰以致治披腹心示情素蒙怨咎欺舊友奪魏公子卬安秦社稷利百姓卒爲秦禽將破敵攘地千里吳起之事悼王也使私不得害公讒不得蔽忠言不取苟合行不取苟容不爲危易行行義不辟難徐廣曰一云不困毀訾然爲霸主強國不辭禍凶大夫種之事越王也主雖困辱悉忠而不解主雖絕亡盡能而弗離成功而弗矜貴富而不驕怠若此三子者固義之至也忠之節也是故君子以義死難視死如歸生而辱不如死而

榮士固有殺身以成名唯義之所在雖死無所恨何爲不可哉蔡澤曰主聖臣賢天下之盛福也君明臣直國之福也父慈子孝夫信妻貞家之福也故比干忠而不能存殷子胥智而不能完吳申生孝而晉國亂是皆有忠臣孝子而國家滅亂者何也無明君賢父以聽之故天下以其君父爲僇辱而憐其臣子索隱曰言以比干子胥申生皆至忠孝而見誅放故今天下言爲其君父之所僇而憐其臣子也今商君吳起大夫種之爲人臣是也其君非也故世稱三子致功而不見德豈慕不遇世死乎夫待死而後可以立忠成

名是微子不足仁孔子不足聖管仲不足大也夫人之立功豈不期於成全邪身與名俱全者上也名可法而身死者其次也名在僇辱而身全者下也於是應侯稱善蔡澤少得閒因曰夫商君吳起大夫種其爲人臣盡忠致功則可願矣閎夭事文王周公輔成王也豈不亦忠聖乎以君臣論之商君吳起大夫種其可願孰與閎夭周公哉應侯曰商君吳起大夫種弗若也蔡澤曰然則君之主慈仁任忠惇厚舊故其賢智與有道之士爲膠漆義不倍功臣孰與秦孝公楚

悼王越王乎應侯曰未知何如也蔡澤曰今主親忠臣不過秦孝公楚悼王越王君之設智能爲主安危修政治亂彊兵批患折難索隱曰批音白結反又音豐雞反批患謂擊而却之折音之列反廣地殖穀富國足家彊主尊社稷顯宗廟天下莫敢欺犯其主主之威蓋震海內功彰萬里之外聲名光輝傳於千世君孰與商君吳起大夫種應侯曰不若蔡澤曰今主之親忠臣不忘舊故不若孝公悼王句踐而君之功績愛信親幸又不若商君吳起大夫種然而君之祿位貴盛私家之富過於三子而身不

退者恐患之甚於三子竊爲君危之語曰日中則移月滿則虧物盛則衰天地之常數也進退盈縮與時變化聖人之常道也故國有道則仕國無道則隱聖人曰飛龍在天利見大人不義而富且貴於我如浮雲今君之怨已讎而德已報意欲至矣而無變計竊爲君不取也且夫翠鵠犀象其處勢非不遠死也而所以死者惑於餌也蘇秦智伯之智非不足以辟辱遠死也而所以死者惑於貪利不止也是以聖人制禮節欲取於民有度使之以時用之有止故志不溢

行不驕常與道俱而不失故天下承而不絕昔者齊桓公九合諸侯一匡天下至於葵丘之會有驕矜之志畔者九國吳王夫差兵無敵於天下勇彊以輕諸侯陵齊晉故遂以殺身亡國夏育太史噭叱呼（徐廣曰一作喑○索隱曰二人勇者夏育賁育也噭音皎○正義曰呼火故反）駭三軍然而身死於庸夫（索隱曰高誘云夏育爲田摶所殺然太史噭未知誰之所殺恐非齊襄王時太史也）此皆乘至盛而不返道理不居卑退處儉約之患也夫商君爲秦孝公明法令禁姦本尊爵必賞有罪必罰平權衡正度量調輕重決裂阡陌以靜生民之業而一其俗勸民耕

農利土一室無二事力田稸積習戰陳之事是以兵動而地廣兵休而國富故秦無敵於天下立威諸侯成秦國之業功已成矣而遂以車裂楚地方數千里持戟百萬白起率數萬之師以與楚戰一戰舉鄢郢以燒夷陵再戰南幷蜀漢又越韓魏而攻彊趙北坑馬服誅屠四十餘萬之衆盡之于長平之下流血成川沸聲若雷遂入圍邯鄲使秦有帝業楚趙天下之彊國而秦之仇敵也自是之後楚趙皆懾伏不敢攻秦者白起之勢也身所服者七十餘城功已成矣而

遂賜劒死於杜郵吳起爲楚悼王立法卑減大臣之威重罷無能廢無用損不急之官塞私門之請一楚國之俗禁游客之民精耕戰之士南收楊越北并陳蔡破橫散從使馳說之士無所開其口禁朋黨以厲百姓定楚國之政兵震天下威服諸侯功已成矣而卒枝解大夫種爲越王深謀遠計免會稽之危以亡爲存因辱爲榮墾草入邑（索隱曰劉氏云入猶充也謂招攜離散充滿城邑也）辟地殖穀率四方之士專上下之力輔句踐之賢報夫差之讎卒擒勁吳令越成霸功已彰而信矣句踐終負

而殺之此四子者功成不去禍至於此此所謂信而不能詘往而不能返者也（索隱曰信音申詘音屈謂志已展而不退）范蠡知之超然辟世長爲陶朱公君獨不觀夫博者乎或欲大投或欲分功（班固弈指曰博縣於投不必在行騶謂投投瓊也○索隱曰言夫博弈或欲大投其瓊以致勝或觀其勢弱則大投地分而分功以遠救事具小爾雅方言云所以投博謂之枰枰局也）此皆君之所明知也今君相秦計不下席謀不出廊廟坐制諸侯利施三川以實宜陽（正義曰施猶展也言伐得三川之地以實宜陽言展開三川實宜陽）決羊腸之險塞太行之道又斬范中行之塗六國不得合從棧道千里通於蜀漢使天下皆畏秦秦之欲得矣君之

功極矣此亦秦之分功之時也如是而不退則商君白公徐廣曰白起吳起大夫種是也吾聞之鑒於水者見面之容鑒於人者知吉與凶書曰成功之下不可久處四子之禍君何居焉君何不以此時歸相印讓賢者而授之退而巖居川觀必有伯夷之廉長爲應侯世世稱孤而有許由延陵季子之讓喬松之壽孰與以禍終哉即君何居焉忍不能自離疑不能自決必有四子之禍矣易曰亢龍有悔此言上而不能下信而不能詘往而不能自返者也願君孰計之應侯曰善

吾聞欲而不知止失其所以欲有而不知足失其所以有先生幸教睢敬受命於是乃延入坐爲上客後數日入朝言於秦昭王曰客新有從山東來者曰蔡澤其人辯士明於三王之事五伯之業世俗之變足以寄秦國之政臣之見人甚衆莫及臣不如也臣敢以聞秦昭王召見與語大說之拜爲客卿應侯因謝病請歸相印昭王彊起應侯應侯遂稱病篤范睢免相昭王新說蔡澤計畫遂拜爲秦相東收周室蔡澤相秦數月人或惡之懼誅乃謝病歸相印號爲綱成

君居秦十餘年事昭王孝文王莊襄王卒事始皇帝爲秦使於燕三年而燕使太子丹入質於秦

太史公曰韓子稱長袖善舞多錢善賈信哉是言也范雎蔡澤世所謂一切辯士然游說諸侯至白首無所遇者非計策之拙所爲說力少也及二人羇旅入秦繼踵取卿相垂功於天下者固彊弱之勢異也然士亦有偶合賢者多如此二子不得盡意豈可勝道哉然二子不困戹惡能激乎索隱曰二子范雎蔡澤也雎戹於齊折脅摺齒澤困於趙被逐弃鬲是也惡音烏激音擊

索隱述贊曰

應侯始困　託載而西　說行計立

貴平寵稽　倚秦市趙　卒報魏齊

綱成辯智　范雎招攜　勢利傾奪

一言成蹊

范雎蔡澤列傳第十九　史記七十九

樂毅列傳第二十　史記八十

樂毅者其先祖曰樂羊樂羊爲魏文侯將伐取中山正義曰今定州魏文侯封樂羊以靈壽徐廣曰屬常山○索隱曰地理志常山有靈壽縣中山桓公所都之地○正義曰今鎮州靈壽樂羊死葬於靈壽其後子孫因家焉中山復國至趙武靈王時復滅中山索隱曰中山魏雖滅之尚不絕祀故後更復國至趙武靈王又滅之也而樂氏後有樂毅樂毅賢好兵趙人舉之及武靈王有沙丘之亂徐廣曰趙有沙丘宮近鉅鹿乃去趙適魏聞燕昭王以子之之亂而齊大敗燕燕昭王怨齊未嘗一日而忘報齊也燕國小辟遠力不能制於是屈身下士先禮郭隗正義曰說苑云燕昭問於隗曰寡人地狹民寡齊人取薊八城匈奴驅馳樓煩之下以孤之不肖得承宗廟恐社稷危存之有道乎隗曰帝者之臣其名臣其實師王者之臣其名臣其實友霸者之臣其名臣其實僕危困國之臣其名臣其實虜今王將自東面目指氣使以求臣則厮役之才至矣南面聽朝不失揖讓之理以求臣則人臣之才至矣北面等禮不乘之以勢以求臣則朋友之才至矣西面逡巡以求臣則師傅之才至矣誠欲興王霸同道隗請爲天下之士開路於是常置隗爲上客以招賢者樂毅於是爲魏昭王使於燕燕王以客禮待之樂毅辭讓遂委質爲臣燕昭王以爲亞卿久之當是時齊湣王彊南敗楚相唐眛於重丘索隱曰眛音莫葛反地理志重丘縣名屬平原○正義曰在冀州城武縣界西摧三晉於觀津索隱曰地理志觀津縣名屬信都漢初屬清河也○正義曰在冀州武邑縣東南二十五里遂與三晉擊秦助趙滅

中山破宋廣地千餘里與秦昭王爭重爲帝已而復歸之諸侯皆欲背秦而服於齊湣王自矜百姓弗堪於是燕昭王問伐齊之事樂毅對曰齊霸國之餘業也地大人衆未易獨攻也王必欲伐之莫如與趙及楚魏於是使樂毅約趙惠文王別使連楚魏令趙嚪秦（徐廣曰嚪進說之意○索隱曰嚪音田濫反字與啗同）以伐齊之利諸侯害齊湣王之驕暴皆爭合從與燕伐齊樂毅還報燕昭王悉起兵使樂毅爲上將軍趙惠文王以相國印授樂毅樂毅於是并護趙楚韓魏燕之兵以伐齊（索隱曰護謂揔領之也）

破之濟西諸侯兵罷歸而燕軍樂毅獨追至于臨菑齊湣王之敗濟西亡走保於莒樂毅獨留徇齊齊皆城守樂毅攻入臨菑盡取齊寶財物祭器輸之燕燕昭王大說親至濟上勞軍行賞饗士封樂毅於昌國（徐廣曰屬齊○索隱曰地理志縣名屬齊郡○正義曰故昌城在淄州淄川縣東北四十里也）號爲昌國君於是燕昭王收齊鹵獲以歸而使樂毅復以兵平齊城之不下者樂毅留徇齊五歲下齊七十餘城皆爲郡縣以屬燕唯獨莒即墨未服（正義曰即墨今萊州）會燕昭王死子立爲燕惠王惠王自爲太子時嘗不快於樂毅及即

位齊之田單聞之乃縱反間於燕曰齊城不下者兩城耳然所以不早拔者聞樂毅與燕新王有隙欲連兵且留齊南面而王齊齊之所患唯恐他將之來於是燕惠王固已疑樂毅得齊反間乃使騎劫代將索隱曰燕將姓名而召樂毅樂毅知燕惠王之不善代之畏誅遂西降趙趙封樂毅於觀津號曰望諸君索隱曰望諸澤名在齊蓋趙有之故號焉戰國策望作藍也尊寵樂毅以警動於燕齊齊田單後與騎劫戰果設詐誑燕軍遂破騎劫於即墨下而轉戰逐燕北至河上正義曰滄德二州之北河盡復得齊城而迎襄王於莒入

于臨菑燕惠王後悔使騎劫代樂毅以故破軍亡將失齊又怨樂毅之降趙恐趙用樂毅而乘燕之獘以伐燕燕惠王乃使人讓樂毅且謝之曰先王舉國而委將軍將軍爲燕破齊報先王之讎天下莫不震動寡人豈敢一日而忘將軍之功哉會先王棄羣臣寡人新即位左右誤寡人寡人之使騎劫代將軍爲將軍久暴露於外故召將軍且休計事將軍過聽以與寡人有隙遂捐燕歸趙將軍自爲計則可矣而亦何以報先王之所以遇將軍之意乎樂毅報遺燕惠王

書曰臣不佞不能奉承王命以順左右之心恐傷先王之明有害足下之義故遁逃走趙今足下使人數之以罪臣恐侍御者不察先王之所以畜幸臣之理又不白臣之所以事先王之心故敢以書對臣聞賢聖之君不以祿私親其功多者賞之其能當者處之故察能而授官者成功之君也論行而結交者立名之士也臣竊觀先王之舉也見有高世主之心（正義曰樂毅見燕昭王有自高尊世上人主之心故假魏節使燕）故假節於魏以身得察於燕先王過舉厠之賓客之中立之羣臣之上不謀父兄（正義

曰杜預云兄同姓羣臣也）以爲亞卿臣竊不自知自以爲奉令承教可幸無罪故受令而不辭先王命之曰我有積怨深怒於齊不量輕弱而欲以齊爲事臣曰夫齊霸國之餘業而最勝之遺事也練於兵甲習於戰攻王若欲伐之必與天下圖之與天下圖之莫若結於趙且又淮北宋地楚魏之所欲也趙若許而約四國攻之齊可大破也先王以爲然具符節南使臣於趙顧反命起兵擊齊以天之道先王之靈河北之地隨先王而舉之濟上（正義曰濟水之上在齊上）濟上之軍受命擊齊大敗齊人

輕卒銳兵長驅至國齊王遁而走莒僅以身免珠玉財寶車甲珍器盡收入于燕齊器設於寧臺（索隱曰燕臺也○正義曰括地志云燕元英磨室二宮皆燕宮在幽州薊縣西四里寧臺之下）大呂陳於元英（索隱曰大呂齊鍾名元英燕宮殿名也）故鼎反乎磨室（徐廣曰磿歷也○索隱曰燕鼎前輸於齊今反入於磨室磨室亦宮名戰國策作歷室也○正義曰括地志云歷室燕宮名也高誘云燕噲亂齊伐燕殺噲得鼎今反歸燕故鼎）薊丘之植植於汶篁（徐廣曰竹田曰篁謂燕之疆界移於齊之汶水○索隱曰薊丘燕所都之地言燕之薊丘所植植齊王汶上之竹徐注非也○正義曰幽州薊地西北隅有薊丘又汶水源出兗州博城縣東北原山西南入泲）自五伯已來功未有及先王者也先王以為慊於志（索隱曰慊音苦簟反亦作嗛嗛者常慊慊然而不愜其志也）故裂地而封之使得比小國諸侯臣竊不

自知自以為奉命承教可幸無罪是以受命不辭臣聞賢聖之君功立而不廢故著於春秋蚤知之士名成而不毀故稱於後世若先王之報怨雪恥夷萬乘之彊國收八百歲之蓄積及至棄羣臣之日餘教未衰執政任事之臣修法令慎庶孽施及乎萌隸皆可以教後世臣聞之善作者不必善成善始者不必善終昔伍子胥說聽於闔閭而吳王遠迹至郢夫差弗是也賜之鴟夷而浮之江吳王不寤先論之可以立功故沈子胥而不悔子胥不蚤見主之不同量是以

至於入江而不化索隱曰言子胥怨恨故雖投江而神不化猶爲波濤之神也夫免身立功以明先王之迹臣之上計也離毀辱之誹謗索隱曰誹音方味反墮先王之名索隱曰墮音許規反臣之所大恐也臨不測之罪以幸爲利義之所不敢出也索隱曰謂既臨不測之罪以幸免爲利今我仍義先王之恩雖身託外國而心亦不敢出也臣聞古之君子交絕不出惡聲正義曰君子之人交絕不説己長而談彼短忠臣去國不絜其名索隱曰言忠臣去離本國不自絜其名云己無罪故禮曰大夫去其國不説人以無罪是也○正義曰言不絜己名行而咎於君若箕子不忍言紂惡是也臣雖不佞索隱曰不佞猶不才也數奉教於君子矣索隱曰數音朔言我以數經奉教令於君子君子即識禮之人謂己在外猶云己罪不説王之有非故下云不察疏遠之行斯亦忠臣之節恐侍御者之親左右之説不察疏遠之行故敢獻書以聞唯君王之留意焉

夏侯玄曰觀樂生遺燕惠王書其殆庶乎知機合道以禮始終者與又其喻昭王曰伊尹放太甲而不疑太甲受放而不怨是存大業於至公而以天下爲心者也夫欲極道德之量務以天下爲心者必致其主於盛隆合其趣於先王苟君臣同符則大業定矣于斯時也樂生之志千載一遇夫千載一遇之世亦將行千載一隆之道豈其局迹當時止於兼并而已哉夫兼并者非樂生之所屑彊燕而廢道又非樂生之所求不屑苟利心無近事不求小成斯意兼天下者也則舉齊之事所以運其機而動四海也夫討齊以明燕主之義此兵不興於爲利矣圍城而害不加於百姓此仁心著於遐邇矣舉國不謀其功除暴不以威力此至德全於天下矣邁全德以率列國則幾於湯武之事矣樂生方恢大綱以縱二城收民明信以待其獘將使即墨莒人顧仇其上願釋干戈賴我猶親善守之智無所施之然則求仁得仁即墨大夫之義仕窮則從微子適周之道開彌廣之路以待田單之徒長容善之風以申齊士之志使夫忠者遂節勇者義著昭之東海屬之華裔我澤如春民應如草道光宇宙賢智託心鄰國傾慕四海延頸思戴燕

主仰望風聲二城必從則王業隆矣雖淹留於兩邑乃致速於天下也不幸之變世所不圖敗於垂成時運固然若乃逼之以威劫之以兵攻取之事求欲速之功使燕齊之士流血於二城之下奓殺傷之殘以示四海之人是縱暴易亂以成其私鄰國望之其猶犲虎既大墮稱兵之義而喪濟弱之仁且虧齊士之節廢廉善之風掩宏通之度棄王德之隆雖二城幾於可拔霸王之事逝其遠矣然則燕雖兼齊其與世主何以殊哉其與鄰國何以相傾樂生豈不知拔二城之速了哉顧城拔而業乖也豈不慮不速之致變哉顧業乖與變同歸是觀之樂生之不屠二城未可量也

於是燕王復以樂毅子樂閒為昌國君索隱曰閒音紀閑反而樂毅往來復通燕燕趙以為客卿樂毅卒於趙張華曰望諸君冢在邯鄲西數里

樂閒居燕三十餘年燕王喜用其相栗腹之計索隱曰栗姓腹名漢有栗姬欲攻趙而問昌國君樂閒樂閒曰趙四戰之國也索隱曰言趙數距四方之敵故云四戰之國○正義曰東隣燕齊西邊秦樓煩南界韓魏北迫匈奴其民習兵伐之不可燕王不聽遂伐趙趙使廉頗擊之大破栗腹之軍於鄗禽栗腹樂乘樂乘者樂閒之宗也於是樂閒奔趙趙遂圍燕燕重割地以與趙和趙乃解而去燕王恨不用樂閒樂閒既在趙乃遺樂閒書曰紂之時箕子不用犯諫不怠以冀其聽商容不達身祇辱焉以冀其變及民志不入獄囚自出索隱曰民志不入謂國亂而人離心向外故云不入又獄囚自出是政亂而士師不為之守法也然後二子退隱故紂負桀暴之累二子不失忠聖之名何者其憂患之盡矣今寡人雖愚不若紂之

暴也燕民雖亂不若殷民之甚也室有語不相盡以告鄰里（正義曰言家室有分爭不決必告隣里今故以書言相告也）二者寡人不爲君取也（正義曰二者謂燕君未如紂燕民未如殷民復相告子反燕以疑君民之惡是寡人不謂君取之）樂間樂乘怨燕不聽其計二人卒留趙趙封樂乘爲武襄君（索隱曰樂乘樂毅之宗人也）其明年樂乘廉頗爲趙圍燕燕重禮以和乃解後五歲趙孝成王卒襄王使樂乘代廉頗廉頗攻樂乘樂乘走廉頗亡入魏其後十六年而秦滅趙其後二十餘年高帝過趙問樂毅有後世乎對曰有樂叔高帝封之樂鄉（徐廣曰在北新城○正義曰地理志云信都有樂鄉縣）號曰華成君華成君樂毅之孫也而樂氏之族有樂瑕公樂臣公（一作巨公）趙且爲秦所滅亡之齊高密樂臣公善脩黃帝老子之言顯聞於齊稱賢師

太史公曰始齊之蒯通及主父偃讀樂毅之報燕王書未嘗不廢書而泣也樂臣公學黃帝老子其本師號曰河上丈人不知其所出河上丈人教安期生安期生教毛翕公毛翕公教樂瑕公樂瑕公教樂臣公（索隱曰本亦作巨公）樂臣公教蓋公（索隱曰蓋音古闔反蓋公史不記名）蓋公教於齊高密膠西爲曹相國師